Kartell- und Regulierungsrecht

herausgegeben von

Prof. Dr. Torsten Körber, LL.M. (Berkeley)
Prof. Dr. iur. Dr. rer. pol. Dres. h.c. Franz Jürgen Säcker
Prof. Dr. Matthias Schmidt-Preuß

Band 33

Torsten Körber (Hrsg.)

Zukunft der Verteilernetze – Verteilernetze der Zukunft

Referate der 48. Energierechtlichen Jahrestagung
vom 31. Oktober 2019

Nomos

Onlineversion
Nomos eLibrary

Die Deutsche Nationalbibliothek verzeichnet diese Publikation in der Deutschen Nationalbibliografie; detaillierte bibliografische Daten sind im Internet über http://dnb.d-nb.de abrufbar.

ISBN 978-3-8487-6727-4 (Print)

ISBN 978-3-7489-0850-0 (ePDF)

1. Auflage 2020

Vorwort

Verteilernetze sind einer der wesentlichen Bausteine der Energiewende. In Zeiten der zunehmenden Dezentralisierung der Stromerzeugung aufgrund der Energiewende sind moderne Verteilernetze der maßgebliche Resonanzboden für die Energieversorgung der Zukunft. Als natürliche Monopole unterliegen die Verteilernetze einer Ausschreibungspflicht nach §§ 46 ff. EnWG, die einen zusätzlichen Wettbewerb um das Netz erzeugen soll. Auch nach der Reform im Jahre 2017 bestehen in der Praxis etliche Fallstricke, die das Risiko langwieriger gerichtlicher Auseinandersetzungen in sich tragen. Kommunen sehen im Betrieb der Strom- und Gasnetze Vorteile und nutzen eine Bewerbung alleine oder mit einem Partnerunternehmen auf die eigene Konzession oft als ersten Baustein für eine Rekommunalisierung. Im Bereich der Fernwärme zeichnen sich ähnliche Entwicklungen auf der Basis des Kartellrechts ab.

Vor diesem Hintergrund stellen sich – auch im Kontext der Umsetzung des EU-Winterpakets – zahlreiche Anschlussfragen. Eine der im Rahmen der Energiewende wichtigsten Fragen ist diejenige nach der Rolle der Verteilernetzbetreiber für den Auf- und Ausbau der Ladesäuleninfrastruktur. Jedenfalls kann auch der weitere Ausbau der Elektromobilität nur gelingen, wenn die Ladesäuleninfrastruktur besser in die vorhandene Verteilernetzinfrastruktur integriert wird.

Die 48. Energierechtliche Jahrestagung des Instituts für Energiewirtschaftsrecht der Universität zu Köln (EWIR) stellte am 31. Oktober 2019 unter dem Titel „Zukunft der Verteilernetze – Verteilernetze der Zukunft" die Anforderungen an Verteilernetze und ihren Nutzen in Zeiten der Energiewende in den Fokus der juristischen und ökonomischen Diskussion. Dabei lag der Schwerpunkt des Vormittags auf den aktuellen Fragen des Ausschreibungsverfahrens. Der Nachmittag war der Frage nach einer angemessenen Integration von Elektromobilität in die vorhandene Infrastruktur gewidmet.

Die Referate der Tagung sowie ein Tagungsbericht sind in diesem Band zusammengetragen. Dank gebührt neben den Referentinnen und Referenten insbesondere auch dem Verein zur Förderung des Instituts für Energierecht e.V. für seine inhaltliche und finanzielle Unterstützung sowie den

Mitarbeiterinnen und Mitarbeitern des EWIR und des Lehrstuhls Körber für die Organisation und Durchführung der Tagung.

Köln, im März 2020 *Prof. Dr. Torsten Körber, LL.M.*

Inhalt

Die Neufassung der §§ 46 ff. EnWG als Herausforderung an die Praxis

Dr. Cornelia Kermel[1]

---

1 Dr. Cornelia Kermel ist Partnerin der Kanzlei Noerr LLP.

I. Einleitung

Seit Beginn der Liberalisierung der Energiemärkte in 1998 hat der Wettbewerb um die Vergabe von Wegerechten für die Verlegung und den Betrieb von Strom- und Gasnetzen der allgemeinen Versorgung stetig zugenommen. Nicht zuletzt infolge der (Re-)Kommunalisierungsbestrebungen zahlreicher Kommunen bewerben sich in der Regel mindestens zwei Unternehmen um den jeweiligen Abschluss des neuen Konzessionsvertrages mit der Kommune. Das EnWG regelte zunächst das Konzessionsverfahren nur in zwei Vorschriften.[2] Angesichts einer Vielzahl an offenen Rechtsfragen, auslegungsbedürftigen Formulierungen und unterschiedlichen Interessen der Beteiligten kam es in der Folgezeit zu einer Fülle von Rechtsstreitigkeiten.

Verschiedene Grundsatzentscheidungen des Bundesgerichtshofs (BGH)[3] und mehrere Anpassungen in den §§ 46 und 48 EnWG durch den Gesetzgeber[4] führten zu keiner Befriedung. Der Gesetzgeber wurde daher in der Folgezeit erneut aktiv.

II. Überblick über die zum 03.02.2017 in Kraft getretenen Änderungen

Zum 03.02.2017 trat das Gesetz zur Änderung der Vorschriften zur Vergabe von Wegenutzungsrechten zur leitungsgebundenen Energieversorgung[5] in Kraft. Es zielt, wie es in der Gesetzesbegründung ausdrücklich heißt, auf eine „Erhöhung der Rechtssicherheit" im vergabeähnlichen Verfahren des § 46 EnWG.[6]

1. Keine Inhouse-Vergabe

Zunächst hat der Gesetzgeber allerdings den insbesondere von kommunaler Seite geforderten Regelungen für eine In-House-Vergabe bei Konzessi-

---

2 §§ 13 und 14 EnWG in der am 29.04.1998 in Kraft getretenen Fassung.

3 Vgl. BGH, Urteile vom 17.12.2013, KZR 65/12 – Heiligenhafen und KZR 66/12 – Berkenthin; Beschluss vom 03.06.2014, EnVR 10/13 - Stromnetz Homberg; Urt. v. 14.04.2015, EnZR 11/14 - Gasnetz Springe.

4 Gesetz zur Neuregelung energiewirtschaftlicher Vorschriften vom 26.11.2011, BGBl. 2011, I. Nr. 41 vom 03.08.20111, 1554.

5 Vom 27.01.2017, BGBl. I S. 130-132.

6 Vgl. BT-Dr. 18/8184, S. 8.

onsvergaben, d.h. der Zuweisung der Wegenutzungsrechte an einen kommunalen Eigenbetrieb ohne vorherige Durchführung eines vergabeähnlichen Verfahrens samt diskriminierungsfreier Auswahlentscheidung, eine klare Absage erteilt. Die Zulassung einer In-House-Vergabe sei schon aus energiewirtschaftlichen Gründen bedenklich, da der in § 46 EnWG verankerte Wettbewerb um das Netz nicht zur Disposition stehen dürfe. Ein „Ewigkeitsrecht" der Kommunen würde die falschen Signale setzen und befürchten lassen, dass das Verteilnetz im natürlichen Monopol zum Nachteil von Verbrauchern, Gewerbe und Industrie einen nicht hinzunehmenden Qualitätsverlust erleide.[7]

2. *Konkretisierung der wirtschaftlich angemessenen Vergütung*

Mit § 46 Abs. 2 S. 4 EnWG hat der Gesetzgeber für den Fall der fehlenden Einigung den, in der Praxis häufig strittigen, Kaufpreis für die zu übertragenden Verteilungsanlagen konkretisiert. Als maßgeblicher Wert zur Bestimmung der wirtschaftlich angemessenen Vergütung wurde für diesen Fall der objektivierte Ertragswert normiert. Hierdurch solle der in der Vergangenheit trotz der sog. Kaufering-Rechtsprechung des BGH[8] erfolgten Verzögerung von Netzübernahmen entgegen gewirkt werden. Der mit dem objektivierten Ertragswert verbundene Rückgriff auf das Regulierungsregime von StromNEV und GasNEV garantiere für die Netzbewertung eine sachgerechte, neutrale und objektivierte Basis. Überdies werde durch § 46 Abs. 2 Satz 5 EnWG klargestellt, dass die Vertragsautonomie stets Vorrang habe.[9]

3. *Keine strikte gesetzliche Vorgabe der Auswahlkriterien*

In § 46 Abs. 4 S. 1 EnWG hat der Gesetzgeber mit dem Verweis auf § 1 Abs. 1 EnWG die bestehende Rechtslage bestätigt, wonach die energiewirtschaftlichen Kriterien der Versorgungssicherheit, Preisgünstigkeit, Verbraucherfreundlichkeit, Effizienz, Umweltverträglichkeit sowie die zunehmend auf erneuerbaren Energien basierende Energieversorgung bei der Auswahl-

---

7 Vgl. BT-Dr. 18/8184, S. 9.

8 BGH, Urteil vom 16.11.1999, KZR 12/97; bestätigt durch BGH, Beschluss vom 03.04.2014, EnVR 10/13 – Stromnetz Homberg

9 Vgl. BT-Dr. 18/8184, S. 12.

entscheidung maßgeblich zu berücksichtigen sind. Allerdings hat der Gesetzgeber ausdrücklich von einer „strikten gesetzlichen Vorgabe“, wie die einzelnen Ziele des § 1 Abs. 1 EnWG in konkrete Auswahlkriterien „umzuwandeln“ sind, ebenso Abstand genommen wie von Vorgaben bei der Gewichtung. Die Vorgabe eines konkreten Kriterienkatalogs berge angesichts der bereits ergangenen Rechtsprechung die Gefahr der Schaffung neuer Rechtsunsicherheiten.[10]

Gemäß § 46 Abs. 4 S. 2 EnWG können unter Wahrung netzwirtschaftlicher Anforderungen, insbesondere der Versorgungssicherheit und der Kosteneffizienz, auch Angelegenheiten der örtlichen Gemeinschaft berücksichtigt werden. Hiermit werde klargestellt, dass sich entsprechend der Rechtsprechung die Vergabe von Wegenutzungsrechten an den Zielen des § 1 Abs. 1 EnWG orientieren müsse, Angelegenheiten der örtlichen Gemeinschaft aber auch Berücksichtigung finden dürfen.[11]

Die neu ins Gesetz aufgenommene Formulierung in § 46 Abs. 4 S. 3 EnWG, wonach bei der Gewichtung der einzelnen Auswahlkriterien die Gemeinde berechtigt ist, den Anforderungen des jeweiligen Netzgebietes Rechnung zu tragen, trage der Gewährung eines kommunalen Entscheidungsspielraums im Rahmen der Gewichtung der Kriterien Rechnung.[12]

4. *Konkretisierung des Informationsanspruchs der Gemeinden*

Mit § 46a EnWG hat der Gesetzgeber den gesetzlichen Informationsanspruch der Gemeinde gegenüber dem aktuellen Netzbetreiber zur Vorbereitung des Konzessionsverfahrens konkretisiert, indem Daten genannt werden, die herauszugeben sind. Die Regelung entspreche der derzeitigen Rechtslage, sei aber aus Klarstellungsgründen gleichwohl notwendig.[13]

5. *Einführung eine Rüge- und Präklusionsregimes*

Mit § 47 EnWG hat der Gesetzgeber ein mehrstufiges Rüge- und Präklusionsregime eingeführt. Danach obliegt es den Bewerbern um die jeweilige Konzession, die für sie erkennbaren Rechtsverletzungen bereits in drei ver-

10 Vgl. BT-Drs. 18/8184, S. 12 f.
11 Vgl. BT-Drs. 18/8184, S. 14 f.
12 Vgl. BT-Drs. 18/8184, S. 15.
13 Vgl. BT-Drs. 18/8184, S. 16.

schiedenen Verfahrensstadien des Konzessionsverfahrens gegenüber der Kommune innerhalb der im EnWG festgelegten Fristen zu rügen. Dies betrifft Rechtsverletzungen, die aus einer Bekanntmachung nach § 46 Abs. 3 EnWG oder die aus einer Mitteilung nach § 46 Abs. 4 S. 4 EnWG erkennbar sind. Darüber hinaus sind Rechtsverletzungen im Rahmen der Auswahlentscheidung, die aus einer Information nach § 46 Abs. 5 S. 1 EnWG erkennbar sind, innerhalb von 30 Kalendertagen ab deren Zugang zu rügen.

Hilft die Gemeinde der jeweiligen Rüge nicht ab, muss der Bewerber innerhalb der im Gesetz festgelegten Frist von 15 Kalendertagen einen Antrag auf Erlass einer einstweiligen Verfügung bei dem jeweils zuständigen Landgericht[14] stellen. Ein Verfügungsgrund braucht nicht glaubhaft gemacht zu werden (§ 47 Abs. 5 S. 3 EnWG). Hält der Bieter dieses Procedere nicht ein, ist er mit den Einwänden gegen erkennbare Rechtsverletzungen ausgeschlossen.

§ 47 Abs. 6 EnWG untersagt der Gemeinde, den Konzessionsvertrag vor Ablauf der Fristen betreffend der gerichtlichen Geltendmachung zu schließen.

6. *Gesetzliches Akteneinsichtsrecht der Bewerber*

Die Möglichkeit des unterlegenen Bewerbers, Rechtsverletzungen im Rahmen der Auswahlentscheidung der Kommune erkennen zu können, ist in der Regel sehr begrenzt. Die Kommunen sind zwar nach § 46 Abs. 5 S. 1 EnWG verpflichtet, die Unternehmen, deren Angebote nicht angenommen werden sollen, über die Gründe der vorgesehenen Ablehnung ihres Angebots zu informieren. In der Praxis lassen Informationsschreiben der Kommunen indes regelmäßig etwaige Rechtsverletzungen im Rahmen der Auswahlentscheidung nicht erkennen. Häufig enthalten diese Schreiben nur eine kurze Zusammenfassung einzelner Gründe für die Auswahlentscheidung. Dies war offensichtlich auch dem Gesetzgeber bewusst mit der Folge, dass er zusätzlich ein Akteneinsichtsrecht in § 47 Abs. 3 EnWG in das Gesetz aufgenommen hat. Danach hat die Gemeinde zur Vorbereitung der Rüge gegen die Auswahlentscheidung jedem beteiligten Unternehmen

---

14 § 102 EnWG sieht unabhängig vom Streitwert eine ausschließliche Zuständigkeit der Landgerichte für bürgerliche Rechtsstreitigkeiten vor. Von der Ermächtigungsbefugnis nach § 103 EnWG, diese Rechtsstreitigkeiten einem Landgericht für die Bezirke mehrerer Landgerichte zuzuweisen, haben einige Bundesländer Gebrauch gemacht (z.B. Niedersachsen, das dem LG Hannover diese Streitigkeiten zugewiesen hat).

auf Antrag Einsicht in die Akten zu gewähren und auf dessen Kosten Ausfertigungen, Auszüge oder Abschriften zu erteilen. Wie § 46 Abs. 5 S. 1 EnWG trägt auch § 47 Abs. 3 EnWG der Rügeobliegenheit Rechnung. Diese setzt auch nach Auffassung des Gesetzgebers voraus, dass dem unterlegenen Bewerber zügig Informationen über sämtliche Tatsachen zugänglich gemacht werden, die eine Verletzung in seinen Rechten begründen könnten. Überdies wird hervorgehoben, dass der unterlegene Bewerber die Qualität der Bewerbungen miteinander vergleichen können muss.[15]

§ 47 Abs. 3 S. 3 EnWG begrenzt die Pflicht zur vollständigen Akteneinsicht nur insoweit, als die Kommune die Einsicht in die Unterlagen zu versagen hat, soweit dies zur Wahrung von Betriebs- und Geschäftsgeheimnissen geboten ist. In der Gesetzesbegründung heißt es hierzu, dass durch die Regelung dem Rechtsgedanken aus § 111 GWB a.F. folgend die Beachtung des Rechts der Beteiligten auf Wahrung von Betriebs- und Geschäftsgeheimnissen sichergestellt werden soll. Dem Vorschlag des Bundesrates, eine Verweigerung der Akteneinsicht auch aus Gründen des „Geheimwettbewerbs“ zu ermöglichen, um eine Einsichtnahme in die Angebote der Mitbewerber zu vermeiden, ist die Bundesregierung nicht gefolgt.[16]

7. Fortzahlung der Konzessionsabgaben bis zur Netzübertragung

§ 48 Abs. 4 EnWG in der bis zum 02.02.2017 geltenden Fassung begrenzte die Pflicht zur Fortzahlung der Konzessionsabgaben nach Ablauf des Konzessionsvertrages auf 1 Jahr. Im Hinblick auf die teilweise langwierigen Rechtsstreitigkeiten um die Übertragung der Energienetze auf den neuen Konzessionsvertragspartner liefen die Kommunen damit Gefahr, für einen längeren Zeitraum keine Konzessionsabgaben mehr zu erhalten. Vor diesem Hintergrund wurde in § 48 Abs. 4 EnWG die Pflicht zur Zahlung der vertraglich vereinbarten Konzessionsabgaben auch nach Ablauf des Vertrages auf den Zeitraum bis zur Übertragung der Verteilungsanlagen auf den neuen Vertragspartner erweitert. Dies gilt nur dann nicht, wenn die Kommune es unterlassen hat, ein Verfahren nach § 46 Abs. 3 bis 5 EnWG durchzuführen.

---

15 BT-Drs. 18/8184, S. 17, 28.
16 BT-Drs. 18/8184, S. 28.

8. *Anwendungsbereich der Neuregelungen*

Anwendung finden die Neuregelungen zunächst auf alle ab dem 03.02.2017 begonnenen Konzessionsverfahren nach dem EnWG. Des weiteren sieht § 118 Abs. 23 EnWG die Anwendung des in § 47 EnWG geregelten Rügeregimes auch auf Konzessionsverfahren, bei denen am 03.02.2017 bereits Auswahlkriterien samt Gewichtung bekannt gegeben waren, mit der Maßgabe vor, dass die in § 47 Abs. 2 S. 1 bis 3 EnWG genannten Fristen mit Zugang einer Aufforderung zur Rüge beim jeweiligen Unternehmen beginnen.

III. *Überblick über einzelne Probleme der Neuregelungen in der Praxis*

Sehr schnell zeigte sich in der Praxis, dass die am 03.02.2017 in Kraft getretenen Änderungen im Konzessionsrecht kaum Rechtsklarheit gebracht und keinesfalls zu einer „Erhöhung der Rechtssicherheit" in Konzessionsverfahren nach § 46 EnWG geführt haben. Dies gilt insbesondere für die Regelungen des Rügeregimes nach § 47 EnWG, die zahlreiche Fragen aufwerfen. Dabei sind die nachfolgend dargestellten Probleme keinesfalls als abschließend zu betrachten.

1. *Zwingende oder fakultative Anwendung des Rügeregimes auf laufend Konzessionsverfahren?*

Bereits die Übergangsregelung gemäß § 118 Abs. 23 EnWG birgt Unklarheiten. Streitig ist beispielsweise, ob die Anwendung des Rügeregimes auf laufende Konzessionsverfahren gemäß § 118 Abs. 23 EnWG zwingend ist[17] oder im Ermessen der Gemeinde steht[18]. Hieraus leitet sich eine weitere Streitfrage ab, nämlich, ob die Anwendung des Rügeregimes auf laufende Konzessionsverfahren zuvor eines Ratsbeschlusses der Gemeinde bedarf oder nicht.[19]

---

17 So LG Mainz, Urteil vom 30.07.2017 – 12 HK O 27/17, S. 10 und 12 HK O 28/17, S. 10.

18 So OLG Karlsruhe, Urt. v. 27.03.2019, 6 U 113/18 (Kart); BDEW, Anwendungshilfe zur Novellierung der §§ 46 ff. EnWG vom 18.01.2017, S. 11.

19 Verneinend LG Mainz, Urteile vom 30.07.2017 – 12 HK O 27/17, S. 10 und 12 HK O 28/17, S. 10.

2. *Unklarheit, welche Rechtsverletzungen vom Rügeregime erfasst werden*

Die Rügeobliegenheit und die damit einhergehende Präklusion im Fall der Nichterhebung nach § 47 EnWG erfasst nach dem Wortlaut nur „erkennbare" Rechtsverletzungen aus der Bekanntmachung nach § 46 Abs. 3 EnWG, aus der Mitteilung nach § 46 Abs. 4 S. 4 EnWG und aus der Information nach § 46 Abs. 5 S. 1 EnWG. Unklar ist, ob auch weitere erkennbare Rechtsverletzungen, etwa solche, die aus anderen Dokumenten zu erkennen sind, unter das Rügeregime fallen. Während das *Kammergericht* den Umfang der von dem Rügeregime erfassten Rechtsverletzungen sehr weit zieht[20], ziehen andere Oberlandesgerichte den Anwendungsbereich deutlich enger. So verneint das *OLG Koblenz* die Präklusionsmöglichkeit wegen außerhalb der Fristen geltend gemachter unzureichende Akteinsicht.[21] Das *OLG Dresden* verneint die Rügepflicht und Präklusion mit dem Einwand der Unzulässigkeit des Nebenangebots. Die Fehlerhaftigkeit der Ausschreibung selbst sei von den in § 47 EnWG enumerativ aufgeführten, der Präklusion fähigen Gegenstände nicht erfasst.[22]

Unklar ist überdies, wann eine Rechtsverletzung erkennbar im Sinne des § 47 Abs. 2 EnWG ist. Das OLG Karlsruhe stellt an die Erkennbarkeit geringe Anforderungen. Danach müsse nicht nur ein durchschnittlich fachkundiger Bieter zugrunde gelegt werden. Vielmehr müsse sich der Bieter erforderlichenfalls dabei auch fachkundig beraten lassen.[23]

3. *Akteneinsichtsrecht und deren Grenzen*

Erhebliches Streitpotential besteht aber auch in Bezug auf das in § 47 Abs. 3 EnWG geregelte Akteneinsichtsrecht. In der Praxis gestatten viele Kommunen lediglich eine begrenzte Einsicht in die Unterlagen der Verfahrensakte. In der Regel ist das Angebot des obsiegenden Bewerbers von vornherein gar nicht in der Akte enthalten bzw. es ist weitgehend oder ganz geschwärzt. Auch der Vermerk über die Auswertung der Angebote wird in Bezug auf das Angebot des obsiegenden Bewerbers häufig in weiten Teilen geschwärzt vorgelegt. Obwohl nach § 47 Abs. 3 EnWG die Verweigerung zur Wahrung von Betriebs- und Geschäftsgeheimnissen „gebo-

20 Vgl. KG Berlin, Urteil vom 25.10.2018, 2 U 18/18 EnWG.
21 Vgl. OLG Koblenz, Urteil vom 12.09.2019, U 678/19 Kart.
22 Vgl. OLG Dresden, Urteil vom 18.09.2019, U 1/19 Kart.
23 Vgl. OLG Karlsruhe, Urt. v. 27.03.2019, 6 U 113/18 (Kart).

ten" sein muss, wird in der Regel lediglich pauschal das Vorliegen von Betriebs- und Geschäftsgeheimnissen behauptet.

Nach Auffassung zahlreicher Gerichte regelt § 47 Abs. 3 EnWG ein umfassendes Akteneinsichtsrecht zugunsten der unterlegenen Bewerber. Dementsprechend stellt es nach Auffassung des *OLG Dresden* einen Verstoß gegen das Transparenzgebot dar, wenn die Kommune dem unterlegenen Bewerber keine Einsicht in das ungeschwärzte Angebot des obsiegenden Bewerbers gewährt.[24] Nicht ausreichend sei die Vorlage eines ungeschwärzten Auswahlvermerks, da dieser lediglich eine Zusammenfassung der Angebote enthalte und Fehler in Bezug auf die Richtigkeit und Vollständigkeit bei der Übermittlung nicht ausgeschlossen werden können. Dem Akteneinsichtsanspruch könne die Gemeinde auch nicht mit dem pauschalen Hinweis auf das Vorliegen von Betriebs- und Geschäftsgeheimnissen begegnen.[25] Zunächst müsse dargelegt werden, dass es sich um Betriebs- und Geschäftsgeheimnisse handelt. Überdies könne das Geheimhaltungsinteresse des ausgewählten Bewerbers einem Akteneinsichtsrecht der abgelehnten Bewerber nur dann vorgehen, wenn und soweit konkrete Gefahren durch die Verletzung des Geschäftsgeheimnisses für den ausgewählten Bewerber glaubhaft gemacht werden.[26]

Auch das *LG Berlin* hat in seiner Entscheidung vom 07.11.2019[27] betreffend die Auseinandersetzung zwischen der Stromnetz Berlin GmbH und dem Land Berlin über die Stromkonzession einen Verstoß gegen das Transparenzgebot bejaht, weil das Land dem unterlegenen Bewerber nach der Auswahlentscheidung keine Einsicht in das Angebot des obsiegenden Bewerbers, einem Eigenbetrieb des Landes Berlin, gewährt hat. Nicht ausreichend ist nach Auffassung des Gerichts eine Einsichtnahme in den Auswertungsvermerk.[28] Geheimhaltungsinteressen habe die Kommune nicht substantiiert geltend gemacht. Da der Gesetzgeber dem unterlegenen Bewerber nunmehr mit § 47 Abs. 3 EnWG ein – bis auf die Wahrung von Betriebs- und Geschäftsgeheimnissen – unbeschränktes Akteneinsichtsrecht

---

24 Vgl. OLG Dresden, Urteil vom 18.09.2019 - U 1/19 Kart.

25 Vgl. OLG Dresden, Urteil vom 18.09.2019 - U 1/19 Kart.

26 Vgl. OLG Dresden, Urteil vom 18.09.2019 - U 1/19 Kart, S. 12 des Urteilsumdrucks.

27 Vgl. LG Berlin, Urteil vom 07.11.2019, 16 O 259/19 Kart.

28 Vgl. LG Berlin, Urteil vom 07.11.2019 - 16 O 259/19 Kart, S. 28 des Urteilsumdrucks.

zubillige, bleibe für eine Interessenabwägung im Einzelfall kein Raum mehr.[29]

Das *OLG Koblenz* hat in seiner Entscheidung vom 12.09.2019 ebenfalls ein lediglich pauschales Behaupten des Vorliegens von Betriebs- und Geschäftsgeheimnissen nicht für ausreichend für das Versagen einer Akteneinsicht nach § 47 Abs. 3 EnWG erachtet.[30] Dies würde dem verfassungsrechtlich zu leistenden berechtigten Ausgleich zwischen dem Anspruch auf einen effektiven Rechtsschutz im Rahmen des allgemeinen Justizgewähranspruchs und dem Schutz von Betriebs- und Geschäftsgeheimnissen in einem mehrpoligen Rechtsverhältnis nicht gerecht.[31] Es bedürfe eines substantiierten Sachvortrags der beklagten Kommune dazu, bei Offenlegung welcher konkreten Geheimnisse der vermeintlich obsiegende Bewerber welche Nachteile befürchtet; erst dann sei eine Abwägung zwischen dem Gebot effektiven Rechtsschutzes und dem verfassungsrechtlichen Schutz von Betriebs- und Geschäftsgeheimnissen, die auf einen bestmöglichen Ausgleich zwischen den betroffenen Verfassungsgütern gerichtet sein muss, möglich.[32]

Folglich reiche allein das Bestehen eines Betriebs- oder Geschäftsgeheimnisses nicht aus, um eine Akteneinsicht nach § 47 Abs. 3 Satz 3 EnWG zu versagen; die Einsicht in Unterlagen sei lediglich zu verwehren, soweit dies zur Wahrung von Betriebs- oder Geschäftsgeheimnissen geboten ist. Dies bedeute, dass eine Abwägung zwischen dem Interesse an der Wahrung von Betriebs- oder Geschäftsgeheimnissen auf der einen Seite und dem Interesse des unterlegenen Bewerbers an der Akteneinsicht auf der anderen Seite vorzunehmen sei und zwar durch die beklagte Kommune.[33]

Gestritten wird auch über die Frage, ob der Kommune durch § 47 Abs. 3 EnWG eine eigenverantwortliche Pflicht obliegt nachzuprüfen, ob es sich tatsächlich um Betriebs- und Geschäftsgeheimnisse handelt.[34]

---

29 Vgl. LG Berlin, Urteil vom 07.11.2019 - 16 O 259/19 Kart, S. 28 f. des Urteilsumdrucks.

30 OLG Koblenz, Urteil vom 12.09.2019 - U 678/19 Kart.

31 Vgl. OLG Koblenz, Urteil vom 12.09.2019 - U 678/19 Kart, S. 11 des Urteilsumdrucks, unter Hinweis auf OLG Düsseldorf, Urteil vom 13.08.2018 - VI-2 U 7/16 (Kart), Rn. 128, juris.

32 Vgl. OLG Koblenz, Urteil vom 12.09.2019 - U 678/19 Kart, S. 11 des Urteilsumdrucks, unter Hinweis auf BGH, Beschluss vom 11.12.2018 - EnVR 1/18, Rn. 34, juris; OLG Düsseldorf, Urteil vom 13.08.2018 - VI-2 U 7/16 (Kart), Rn. 129, juris.

33 OLG Koblenz, Urteil vom 12.09.2019 - U 678/19 Kart, S. 12 des Urteilsumdrucks.

34 Bejahend OLG Dresden, Urteil vom Urteil vom 18.09.2019 - U 1/19 Kart; LG Dortmund, Urteil vom 16.12.2019, 19 O 23/19 EnW und vom 18.12.2019,10 O 52/19 [EnW]; *Czernek*, EnWZ 2018, 99 [103].

4. Beginn der 30 Tagesfrist erst mit Vorlage der vollständigen Akteneinsicht?

Eine weitere bislang nicht entschiedene Frage ist, ob eine lediglich beschränkte Akteneinsicht die 30 Tagesfrist gemäß § 47 Abs. 2 Satz 4 EnWG in Gang setzt oder nicht. Nach dem Wortlaut knüpft der Beginn der Frist daran an, dass die Gemeinde „die Akten zur Einsichtnahme bereitgestellt hat". Ein Bereitstellen in diesem Sinne wird jedenfalls dann zu verneinen sein, wenn eine Überprüfung der Kommune, ob es sich bei den nicht vorgelegten bzw. geschwärzt vorgelegten Unterlagen um Betriebs- und Geschäftsgeheimnisse handelt, unterblieben ist.

5. Verhältnis von § 47 Abs. 5 und § 47 Abs. 6 EnWG

Ein besonderes Problem bereitet auch das Verhältnis von § 47 Abs. 5 und Abs. 6 EnWG. Nach § 47 Abs. 5 EnWG ist der unterlegene Bewerber nur verpflichtet, innerhalb der genannten Fristen die einstweilige Verfügung zu beantragen. Nicht erforderlich ist dagegen, dass die einstweilige Verfügung innerhalb der 15 Kalendertage erlassen worden ist. Der Gemeinde wiederum ist es nach § 47 Abs. 6 EnWG nur untersagt, bis zum Ablauf der Frist aus § 46 Abs. 2 Satz 3 EnWG („Rüge 3") oder zumindest jener Frist betreffend der gerichtlichen Geltendmachung der nicht abgeholfenen Rügen aus § 47 Abs. 5 Satz 1 EnWG, den Vertrag zu schließen. Fraglich ist zum einen, ob das Verbot des Vertragsschlusses auch in dem Fall gilt, dass innerhalb der 15 Tagesfrist die einstweilige Verfügung beantragt, aber nicht erlassen worden ist. Des Weiteren stellt sich die Frage, ob der Vertragsschluss zu einer Präklusion mit den Rügen führt. Mit einem entsprechenden Sachverhalt hat sich das *OLG Frankfurt a.M.* in seinem Beschluss vom 26.02.2018 beschäftigt.[35] Unter Hinweis darauf, dass der Altkonzessionär seine Rechte vollumfänglich in einem nachfolgenden Hauptsacheverfahren auch nach Abschluss des Konzessionsvertrages geltend machen könne, verneinte das Gericht das Vorliegen eines Verfügungsgrundes.[36] Dies gelte sowohl für eine Nichtigkeitsfeststellungsklage des Klägers als auch für eine gegen den Altkonzessionär gerichtete Herausgabeklage des vermeintlichen

35 OLG Frankfurt a.M., Beschluss vom 26.02.2018 – 11 W 2/18 (Kart), Versorgungswirtschaft 2018, 143 f. mit Anmerkung *Kermel/Lautenbach*, Versorgungswirtschaft 2018, 144 ff.

36 OLG Frankfurt a.M., Beschluss vom 26.02.2018 – 11 W 2/18 (Kart), Versorgungswirtschaft 2018, 143 [144].

Neukonzessionärs.[37] Der Vertragsschluss stelle keine Zäsur dar, die eine Überprüfung des Verfahrens in der Hauptsache ausschließe.[38] Die in der Literatur vereinzelt aufgeworfene Frage, ob nach der Durchführung des in § 47 Abs. 5 EnWG geregelten einstweiligen Verfügungsverfahrens überhaupt noch ein Hauptsacheverfahren geführt werden kann, hat das OLG Frankfurt a.M. mit dieser Entscheidung vom 26.02.2018 positiv beantwortet.

6. *Einstweiliges Verfügungsverfahren über 2 Instanzen erforderlich?*

Ungeklärt ist überdies die Frage, ob das einstweilige Verfügungsverfahren über zwei Instanzen geführt werden muss, um zu verhindern, dass eine Präklusion des Bieters eintritt. Auch auf diese Frage werden die Gerichte eine Antwort finden müssen, da sie der Gesetzgeber nicht geregelt hat.

IV. Fazit

Die zum 03.02.2017 in Kraft getretenen Änderungen bzw. Ergänzungen im Konzessionsrecht werden dem vom Gesetzgeber erklärten Ziel einer Erhöhung von Rechtssicherheit in Konzessionsverfahren nicht gerecht. Es schafft zahlreiche neue Rechtsfragen, deren Beantwortung auf die Gerichte verlagert worden sind. Auch das mit § 47 EnWG eingeführte Rügeregime führt zu keiner Beschleunigung der Konzessionsverfahren. Die gesetzlich vorgesehene Vorschaltung eines einstweiligen Verfügungsverfahrens vor das eigentliche Hauptsacheverfahren zur Vermeidung einer Präklusion führt tatsächlich eher zu einer Verlängerung der Auswahlverfahren.

Es bleibt mithin abzuwarten, ob eine endgültige Klärung der dargestellten und weiterer Rechtsfragen durch die Gerichte erfolgen wird oder durch eine erneute Novellierung des Konzessionsrechts diese Rechtsfragen obsolet werden.

---

37 OLG Frankfurt a.M., Beschluss vom 26.02.2018 – 11 W 2/18 (Kart), Versorgungswirtschaft 2018, 143 [144].

38 OLG Frankfurt a.M., Beschluss vom 26.02.2018 – 11 W 2/18 (Kart), Versorgungswirtschaft 2018, 143 [144] mit Anmerkung Kermel/Lautenbach, Versorgungswirtschaft 2018, 144 [145 f.].

Voraussetzungen und Grenzen der Bewerberauswahl nach § 46 EnWG unter besonderer Berücksichtigung des Konzept- und Ideenwettbewerbs

*Professor Dr. Martin Burgi / Stud. iur. Patrick Zimmermann**

---

* Professor Dr. *Martin Burgi* ist Inhaber des Lehrstuhls für Öffentliches Recht, Wirtschaftsverwaltungsrecht, Umwelt- und Sozialrecht an der Ludwig-Maximilians-Universität München. Stud. iur. *Patrick Zimmermann* ist studentische Hilfskraft an diesem Lehrstuhl. Der Beitrag basiert auf einem Vortrag den der *Erstverfasser* bei der 48. Energierechtlichen Jahrestagung in Köln am 31.10.2019 gehalten hat.

„Konkurrenz belebt das Geschäft." Dieses Sprichwort gilt auch für die Auswahl eines Bewerbers für den Betrieb der unmittelbaren leitungsgebundenen Energieversorgung von Letztverbrauchern und ist von großer praktischer Bedeutung, was sich nicht zuletzt in einer Vielzahl von Gerichtsentscheidungen niederschlägt. Neben der Darstellung der gegenwärtigen Grundlinien der Konzessionsvergabe (Gegenstand, Zwecke, Entscheidungsstufen und Entscheidungsspielräume) geht der Beitrag dabei insbesondere der seit einigen Jahren verstärkt aufkommenden Frage nach, ob und inwieweit ein sog. Konzept- bzw. Ideenwettbewerb (im Folgenden: Konzept- und Ideenwettbewerb) durchzuführen ist. Dabei sollen vergleichende Blicke auf das GWB-Vergaberecht gerichtet werden. Dieses ist zwar nicht unmittelbar anwendbar, dennoch kann es als Erfahrungsspeicher auch für die Konzessionsvergabe nach § 46 EnWG genutzt werden, freilich nicht durchgehend.

I. Die Bewerberauswahl nach § 46 EnWG zwischen Wettbewerb, Politik und Haushalt

1. Gegenstand und Charakter der Konzessionsvergabe

Die unmittelbare leitungsgebundene Energieversorgung von Letztverbrauchern erfordert in aller Regel die Benutzung kommunaler öffentlicher Verkehrswege.[1] Nach § 46 Abs. 1 S. 1 EnWG müssen die Gemeinden folglich „ihre öffentlichen Verkehrswege für die Verlegung und den Betrieb von Leitungen, einschließlich Fernwirkleitungen zur Netzsteuerung und Zubehör, zur unmittelbaren Versorgung von Letztverbrauchern im Gemeindegebiet diskriminierungsfrei durch Vertrag zur Verfügung zu stellen". Das Recht zur Benutzung fremder (Straßen-)Grundstücke wird dabei durch eine bürgerlich-rechtliche Sondernutzung der jeweiligen Straße eingeräumt.[2] Dafür können die Gemeinden die Zahlung einer sog. Konzessionsabgabe verlangen, deren zulässiger Höchstsatz durch die Konzessionsabgabenverordnung (KAV)[3] festgelegt wird (§ 46 Abs. 1 S. 2 EnWG i.V.m. § 48 EnWG i.V.m. § 2 KAV). Für die hier zu behandelnden und besonders relevanten Leitungen, die „zu einem Energieversorgungsnetz der allgemeinen Versorgung" (§ 46 Abs. 2 S. 1 EnWG) gehören, werden in § 46 Abs. 2 bis 5

1 S. *Theobald*, in: Danner/Theobald (Hrsg.), Energierecht, EL 78 (September 2013), § 46 EnWG Rn. 9 m.w.N.

2 Vgl. nur *Burgi*, Vergaberecht, 2. Aufl. 2018, § 24 Rn. 5.

3 Konzessionsabgabenverordnung (KAV) vom 9. Januar 1992 (BGBl. I, S. 12), die zuletzt durch Artikel 3 Absatz 4 der Verordnung vom 1. November 2006 (BGBl. I S. 2477) geändert worden ist.

EnWG weitere Voraussetzungen geregelt; insoweit handelt es sich um sog. qualifizierte Wegenutzungs- bzw. Konzessionsverträge.[4]

2. *Zwecke des Konzessionsvergaberegimes*

§ 46 EnWG verfolgt zunächst die Gewährleistung der unmittelbaren Energieversorgung der Letztverbraucher einerseits sowie die Sicherung von Konzessionsabgaben für die Gemeinden andererseits.[5] Ein weiterer zentraler Zweck besteht darin, dass ein „Wettbewerb um das Netz" stattfinden soll.[6] Es geht mithin um die Verteilung eines Nutzungsrechts für ein Netz, nicht um die Erteilung von Nutzungsrechten an mehrere Unternehmen für dasselbe Netz („Wettbewerb im Netz" – dieser findet z. B. bei der Netzzugangsregulierung nach §§ 20 ff. EnWG statt) und schon gar nicht um den „Wettbewerb zwischen (jeweils eigenen) Netzen" verschiedener Unternehmen.[7] Eine Ausprägung des „Wettbewerbs um das Netz" ist z. B. das allgemeine wettbewerbsrechtliche Gebot, Bestandsanbieter gegenüber sog. Neubewerbern („Newcomer") nicht zu bevorzugen.[8]

In Grenzen ist die Konzessionsvergabe schließlich auch ein Steuerungsinstrument kommunaler Energiepolitik (vgl. § 46 Abs. 4 S. 2 EnWG), zumal die energierechtliche Konzessionsvergabe eine Angelegenheit der örtlichen Gemeinschaft i. S. v. Art. 28 Abs. 2 S. 1 GG[9] ist. Richtig ist aber auch, dass die privatwirtschaftlichen Interessenten durch die Grundrechte, insbesondere durch die Berufs- und Wettbewerbsfreiheit nach Art. 12 Abs. 1 GG, geschützt sind. Reichweite und Grenzen der gemeindlichen Kompetenzen

---

4 Vgl. statt vieler *Hellermann*, in: Britz/Hermes/Hellermann (Hrsg.), EnWG 3. Aufl. 2015, § 46 Rn. 2 ff.

5 S. dazu BGHZ 199, 289 (302 f. Rn. 45) – *Stromnetz Berkenthin*.

6 S. BGHZ 199, 289 (303 Rn. 47) – *Stromnetz Berkenthin*; krit. *Wegner*, in: Säcker (Hrsg.), Berliner Kommentar zum Energierecht, Bd. 1 Hb. 2, 4. Aufl. 2019, § 46 EnWG Rn. 4 ff. m.w.N. Ein Beispiel hierfür ist § 46 Abs. 2 S. 1 EnWG: Durch die Laufzeitbegrenzung auf 20 Jahre sollen zumindest temporär Wettbewerb ermöglicht und Anreize für Innovationen geliefert werden; vgl. zu diesem Ausschluss von „Ewigkeitsrechten" schon BT-Drs. 13/7274, S. 20.

7 Zur Abgrenzung von den Figuren des „Wettbewerbs in Netzen" und des „Wettbewerbs zwischen Netzen" bei § 46 EnWG s. auch *Theobald*, in: Danner/Theobald (Hrsg.), Energierecht, EL 78 (September 2013), § 46 EnWG Rn. 1 ff. m.w.N.

8 Im Rahmen des § 46 EnWG OLG Celle, EnWZ 2016, 310 (312 f.) m. Anm. *Templin*.

9 S. statt vieler *Kment/Vorwalter*, EnWZ 2015, 387 (388) m.w.N. Allg. zur Energieversorgung als Bestandteil kommunaler Daseinsvorsorge BVerfG (K), NJW 1990, 1783.

werden auf der Ebene des einfachen Gesetzes durch § 46 EnWG sowie durch die kommunalrechtlichen Vorschriften zur Wirtschaftsbetätigung (z. B. Art. 86 ff. BayGO, §§ 107 ff. GO NRW, insbesondere § 107a GO NRW) festgelegt.[10]

3. *Gemeinsamkeiten und Unterschiede zum GWB-Vergaberecht*

Die Verteilung von Wegekonzessionen fällt – ungeachtet ihrer Bezeichnung als Konzessions*vergabe* – nicht in den Anwendungsbereich des GWB-Vergaberechts, da es an einer Leistung für den Konzessionsgeber (die Gemeinde) und somit am notwendigen Beschaffungselement (vgl. § 105 Abs. 1 Nr. 2 GWB) fehlt; die bloße Verteilung eines Nutzungsrechts – wie hier die Wegekonzession nach § 46 EnWG – genügt nicht, um den Anwendungsbereich des GWB-Vergaberechts zu eröffnen.[11]

Hauptzweck des GWB-Vergaberechts (§§ 97 ff. GWB) ist die erfolgreiche staatliche (hier: kommunale) Aufgabenerfüllung. Weitere Zwecke sind die Wettbewerbsförderung (§ 97 Abs. 1 S. 1 GWB), die Schonung öffentlicher Haushalte (§ 97 Abs. 1 S. 2 GG: Grundsatz der Wirtschaftlichkeit) und gegebenenfalls die Verfolgung ökologischer und sozialer Zwecke (§ 97 Abs. 3 GWB).[12]

Ein wesentlicher Unterschied zwischen den Zwecken beider Regimes besteht beim Punkt der Schonung öffentlicher Haushalte einerseits bzw. der Generierung von Konzessionseinnahmen andererseits. Ersterer Zweck ist im Vergaberecht von großer Bedeutung und bildet sich in den Zuschlagskriterien ab: Gibt der öffentliche Auftraggeber selbst ein detailliertes Leistungsverzeichnis vor und erfüllen mehrere Bieter diese Vorgabe, so ist eine sog. Nur-Preis-Vergabe bzw. Nur-Kosten-Vergabe zulässig[13] – der Preis ist das einzige Zuschlagskriterium. Dagegen spielen die Konzessionseinnahmen wegen ihrer gesetzlichen Deckelung und der *in praxi* auftreten-

---

10 Ausführlich zum unions- und verfassungsrechtlichen Rahmen *Brüning/Schulz/Brackmann/Tischer*, Die Rolle der Kommunen bei der Vergabe von Konzessionen nach § 46 EnWG, 2013, S. 9 ff.

11 Vgl. *Burgi*, Vergaberecht, 2. Aufl. 2018, § 24 Rn. 5; immerhin tritt in geringerem Umfang neben die wirtschaftliche Verwertung der Wegerechte teilweise eine „Nachfrage von Netzinfrastrukturdiensten"; s. BGHZ 199, 289 (295 Rn. 21) – *Stromnetz Berkenthin*; BGH, NZBau 2014, 303 (304) – *Stromnetz Heiligenhafen*; vertiefend *Donhauser/Hölzlwimmer*, VergabeR 2015, 509 (511 f.); *H. Hofmann/M. Zimmermann*, NZBau 2016, 71 (72).

12 S. dazu näher *Burgi*, Vergaberecht, 2. Aufl. 2018, § 6.

13 S. statt vieler *Burgi*, Vergaberecht, 2. Aufl. 2018, § 17 Rn. 5 ff.

den Bereitschaft mehrerer oder aller Bewerber, im Fall ihrer Auswahl den Höchstsatz zu zahlen (vgl. auch § 46 Abs. 1 S. 2 EnWG), im Rahmen der Auswahlkriterien nur eine untergeordnete Rolle.[14] Inhaltliche Kriterien (§ 46 Abs. 4 S. 1 EnWG i.V.m. § 1 Abs. 1 EnWG) dominieren stets bei der Auswahlentscheidung.[15]

Ungeachtet dessen kann das GWB-Vergaberecht für die energierechtliche Konzessionsvergabe als „Erfahrungsspeicher" dienen, d. h. seine Ansätze betreffend Instrumente und Wertungen sind übertragbar, wenn und soweit sich die Lebenssachverhalte und Rechtsrahmen ähneln. Besonderes Augenmerk liegt dabei auf dem in beiden Regimes bedeutenden Wettbewerbszweck und den daraus abzuleitenden Verfahrensanforderungen („Wettbewerb durch Verfahren"). Was bedeutet das nun für den Konzept- und Ideenwettbewerb?

4. *Anwendungsfälle eines Konzepts- und Ideenwettbewerbs*

Beispiele aus der Rechtsprechung betreffen etwa die Vorlage eines „Konzepts zur Netzeffizienz"[16] oder die Entwicklung eines „Netzbewirtschaftungskonzepts"[17]. Denkbar wären auch die Vorlage eines „Konzepts für die Verbraucherfreundlichkeit" (z. B. Dichte von Kundenbüros, Telefon- und Internetservice etc.) oder für die „Umweltverträglichkeit" (z. B. Bereitschaft zur Erdverkabelung, Konzepte zur Einbindung erneuerbarer Energien etc.).[18]

---

14 Zur Gewichtung dieses Kriteriums s. unten IV.2.c)

15 S. dazu unten IV.2.a) und IV.2.c).

16 LG München I, EnWZ 2016, 378 (383), das sodann fortfährt: „Angesichts der Komplexität der möglichen Maßnahme würde die diesbezügliche Priorisierung einzelner Maßnahmen die Möglichkeit zu innovativen Angebotsinhalten (Ideenwettbewerb) einschränken."

17 OLG Brandenburg, EWeRK 2016, 325 (330); ähnlich OLG Celle, EnWZ 2016, 310 m. Anm. *Templin*.

18 Zu möglichen Konzepten s. auch *Ministerium für Umwelt, Klima- und Energiewirtschaft Baden-Württemberg*, Konzessionsvergabe. Musterkriterienkatalog als Orientierungshilfe für die Entscheidung über die Einräumung von Wegerechten zum Betrieb von Strom- und Gasverteilnetzen der allgemeinen Versorgung, zuletzt geändert am 05.03.2015 (zurzeit in Bearbeitung). Vgl. auch *Kupfer*, NVwZ 2017, 428, der z. B. bei der Effizienz oder der Verbraucherfreundlichkeit eine größere Konzeptaffinität sieht und von „qualitativen Kriterien bzw. Kriterien mit konzeptionellem Charakter" spricht.

II. Vorteile und Gefahren eines Konzept- und Ideenwettbewerbs

Dem Konzept- und Ideenwettbewerb werden die gleichen Vorteile zugeschrieben wie einer funktionalen Leistungsbeschreibung im Vergaberecht. Auch bei dieser wird die Entwicklung eines Konzepts anstatt der bloßen Abarbeitung eines vorab genau festgelegten Leistungsverzeichnisses von den Bietern verlangt. Dabei ist also der letztlichen Vergabe der Leistung die (teilweise) Konzeptionierung dieser Leistung durch den Unternehmer vorgeschaltet.[19] Somit gilt auch hier, dass funktionale Elemente in der Leistungsbeschreibung (hier: Konzept- und Ideenwettbewerb) ein wichtiges Instrument der Innovationsförderung sind, womit die Gemeinde das im Markt typischerweise in größerem Umfang und fortgeschrittener Verdichtung vorhandene Wissen und Know-how abzuschöpfen versucht.[20] Nach dem Ökonomen *Friedrich August von Hayek* ist der Wettbewerb gerade „[...] ein Verfahren zur Entdeckung von Tatsachen [...], die ohne sein Bestehen entweder unbekannt bleiben oder doch zumindest nicht genutzt werden würden"[21] („Wettbewerb als Entdeckungsverfahren"). Auf eine Formel gebracht: Der Wettbewerb führt zu Innovationen und Innovationen führen ihrerseits zu mehr Wettbewerb. Konzept- und Ideenwettbewerb sowie funktionale Leistungsbeschreibungen knüpfen daran an.

Umgekehrt wird befürchtet, dass bei einem Konzept- und Ideenwettbewerb am Ende sehr unterschiedliche Angebote für die Gemeinde zur Auswahl stehen könnten und damit die Vergleichbarkeit erschwert sei; damit bestehe eine Anfälligkeit für ergebnisorientierte Entscheidungen.[22] Danach droht – auf der Ebene der Bewertung der Angebote – eine nicht diskriminierungsfreie Bevorzugung bestimmter Unternehmen. Der heikelste und praktisch bedeutsame Fall ist die Beteiligung eines kommunalen Unternehmens (insbesondere des kommunalen Stadtwerks). Unabhängig von den empirischen Befunden ist diese Befürchtung eine erste Mahnung zur Zurückhaltung gegenüber diesem Instrument. Der weitgehende Ausfall

---

19 Vgl. für das Vergaberecht OLG Düsseldorf, NZBau 2014, 577 (583).

20 S. zum Vergaberecht *Burgi*, Vergaberecht, 2. Aufl. 2018, § 12 Rn. 9; aus der Rspr. s. etwa OLG Düsseldorf, NZBau 2014, 577 (588).

21 *von Hayek*, Der Wettbewerb als Entdeckungsverfahren, in: ders., Freiburger Studien, 1969, S. 249 (249).

22 OLG Brandenburg, EWeRK 2016, 325 (330). Allg. zum Problem s. *von Hayek*, Der Wettbewerb als Entdeckungsverfahren, in: ders., Freiburger Studien, 1969, S. 249 (249): „[...] bei dem Vergeben von Regierungsaufträgen [...], wäre es offensichtlich sinnlos, einen Wettbewerb zu veranstalten, wenn wir im Voraus wüßten, wer der Sieger sein wird."

des Preises als (letztes) und leicht feststellbares Unterscheidungsmerkmal ist jedenfalls ein Signal für eine besondere Vorsicht bei der Frage, ob das Verfahren im Übrigen transparent und diskriminierungsfrei abläuft.

III. Statthaftigkeit eines Konzept- und Ideenwettbewerbs

Ein „Konzept- und Ideenwettbewerb" ist in § 46 EnWG zwar nicht ausdrücklich gesetzlich geregelt. Am Maßstab des Vorbehalts des Gesetzes wäre dies auch nicht erforderlich, weil die Anordnung von Wettbewerb gerade eine Verwirklichung, kein Eingriff in die Wettbewerbsfreiheit (Art. 12 Abs. 1 GG) wäre.[23]

Bei systematisch-teleologischer Auslegung ergibt sich aber ein anderes Bild: §§ 1, 46 EnWG sollen – wie gesehen – dem „Wettbewerb um das Netz" dienen. Ein Konzept- und Ideenwettbewerb wird dabei als ein taugliches Mittel angesehen, den „Wettbewerb um das Netz" sowie die Ziele des § 1 EnWG zu verwirklichen.[24] *E contrario* ergibt sich aber, dass die Ziele des § 1 EnWG im Rahmen des § 46 EnWG grundsätzlich *auch ohne* Konzept- und Ideenwettbewerb realisiert werden können. Wenn ein Konzept- und Ideenwettbewerb dagegen vorgesehen wird, ist er nur unter bestimmten, sogleich vorzustellenden, Voraussetzungen zulässig.

---

23 Zu kurz würde die Begründung greifen, dass es sich bei der Konzessionsvergabe um einen Bereich der Leistungsverwaltung handelt und deshalb der Vorbehalt des Gesetzes nicht greifen würde. Denn die Gewährung der Leistung an ein Unternehmen kann, wenn es die Leistung aufgrund des Fehlens eines (echten) Wettbewerbs erlangt, für ein anderes Unternehmen u. U. durchaus einen Eingriff darstellen, was den Vorbehalt des Gesetzes aktivieren würde. Hier kann nicht den Fragen nachgegangen werden, ob und inwieweit auch bei der Konzessionsvergabe sogar die Annahme eines berufsfreiheitlichen Teilhaberechts (Art. 12 Abs. 1 GG i.V.m. Art. 3 Abs. 1 GG) in Betracht kommt (für die Annahme eines Teilhaberechts s. *Brüning/Schulz/Brackmann/Tischer*, Die Rolle der Kommunen bei der Vergabe von Konzessionen nach § 46 EnWG, 2013, S. 26 f.) und welche Auswahlkriterien gemessen an diesem Maßstab womöglich verfassungswidrig sein könnten; s. dazu jüngst für die Studienplatzvergabe *D. Wolff/P. Zimmermann*, WissR 51 (2018), 159 ff.; für die Standplatzvergabe *P. Zimmermann*, WiVerw 2020, i. E.

24 Vgl. etwa LG München I, EnWZ 2016, 378 (383).

IV. Umsetzung auf den einzelnen Entscheidungsstufen

1. Leistungsbeschreibung: Möglichkeit der Abfrage von Konzepten

Wird ein Konzept- und Ideenwettbewerb vorgesehen, so werden keine einzelnen Maßnahmen festgelegt; dadurch sollen innovative Angebotsinhalte ermöglicht werden (z. B. alternative Vorschläge zu einem Mustervertragsentwurf). Es werden vielmehr nur ein bestimmtes Leistungsziel oder bestimmte Anforderungen festgelegt. Die Grenze besteht darin, dass den Bietern klar sein muss, worauf es der Gemeinde bei der Entscheidung ankommt.[25] In der Regel werden in der jeweiligen Ausgestaltung durch die Gemeinde einige Kriterien einen Konzept- und Ideenwettbewerb vorsehen, andere jedoch nicht. Ein völlig freier Konzept- und Ideenwettbewerb für alle Auswahlkriterien ist kaum denkbar.

2. Festlegung der Kriterien: Qualität des Konzepts

a) Kreis der Auswahlkriterien

Allgemeiner Maßstab der Konzessionsvergabe ist das Diskriminierungsverbot (§ 19 Abs. 2 Nr. 1 GWB, § 46 Abs. 1 S. 1 EnWG).[26] Dieses wird wegen der Grundrechtsbindung der Gemeinden (Art. 1 Abs. 3 GG) auch verfassungsrechtlich im allgemeinen Gleichheitssatz (Art. 3 Abs. 1 GG) abgestützt.[27] Die Auswahlkriterien müssen sich gem. § 46 Abs. 4 S. 1 EnWG an den Zielen des § 1 Abs. 1 EnWG orientieren („[...] ist [...] den Zielen des § 1 Absatz 1 verpflichtet"). Danach ist Zweck des EnWG „eine möglichst sichere, preisgünstige, verbraucherfreundliche, effiziente und umweltverträgliche leitungsgebundene Versorgung der Allgemeinheit mit Elektrizität

---

25 S. zum Ganzen LG Kiel, Urt. 13.02.2015, 14 O 111/14 Kart, juris, Rn. 27; LG München I, EnWG 2016, 378 (383); zu Unrecht a.A. *Wieland,* DÖV 2015, 169 (174), nach dem nicht einmal die Entscheidungskriterien vor der Abgabe der Angebote mitgeteilt werden müsse. Für das Vergaberecht s. OLG Düsseldorf, NZBau 2014, 577 (579, 583).

26 Zu § 19 Abs. 2 Nr. 1 GWB BGHZ 199, 289 (294 ff. Rn. 17 ff.) – *Stromnetz Berkenthin*; zu § 46 Abs. 1 S. 1 EnWG BGH, NVwZ 2014, 817 (819) – *Stromnetz Heiligenhafen*; *Hellermann,* in: Britz/Hellermann/Hermes (Hrsg.), EnWG, 3. Aufl. 2015, § 46 EnWG Rn. 37a m.w.N.

27 S. statt vieler OLG Düsseldorf, ZNER 2008, 165 (165); *Hellermann,* EnWZ 2014, 339 (340) m.w.N.

und Gas, die zunehmend auf erneuerbaren Energien beruht". Diese Ziele müssen bei der Konzessionsvergabe sodann in konkrete Auswahlkriterien „übersetzt" werden. Dabei ist jeweils ein Konzept- und Ideenwettbewerb denkbar.[28] Im Konzessionsvertrag kann die Gemeinde sich die konzeptionellen Angaben der Bieter zusätzlich vertraglich zusichern lassen und ihnen dadurch besonderes Gewicht verleihen, auch wenn sie dies bei anderen (nicht-konzeptionellen) Kriterien nicht gleichfalls vorsieht.[29] Anders ausgedrückt: Zum Konzept- und Ideenwettbewerb kann nicht nur in einem ersten Schritt in inhaltlicher Hinsicht – bei der Verwirklichung der Ziele des § 1 Abs. 1 EnWG – aufgerufen werden, sondern seine Ergebnisse können in einem zweiten Schritt auch vertraglich abgesichert werden.

Daneben sind aber auch noch andere Auswahlkriterien zulässig, die in drei Gruppen unterteilt werden können. Die erste Gruppe bilden Auswahlkriterien zu den Inhalten des Konzessionsvertrags (z. B. Informations-, Mitwirkungs-, Nachverhandlungs- und Sanktionsrechte der Gemeinden). Bei den Informationspflichten könnte die Gemeinde z. B. selbst Vorgaben machen oder die Unternehmen auffordern, ihrerseits Konzepte für ihre Informationspolitik gegenüber den Gemeinden zu formulieren. Nach dem BGH müssen aber zumindest solche Bausteine, die die Gemeinde selbst für „unverzichtbar" hält, in der Leistungsbeschreibung für den Konzessionsvertrag für alle Angebote verbindlich vorgegeben werden.[30]

Eine zweite Gruppe bildet die „Zahlung der höchstmöglichen Konzessionsabgabe nach der Konzessionsabgabenverordnung"[31]. Wegen der Regelung von Höchstbeträgen für die Konzessionsabgaben (§ 2 KAV), zu deren Zahlung in der Regel mehrere oder alle Bewerber imstande sind (vgl. auch § 46 Abs. 1 S. 2 EnWG), spielt dieses Kriterium – wie gesehen und anders als das Preiskriterium im Vergaberecht – freilich nur eine untergeordnete Rolle.

Eine dritte Gruppe bildet unter Wahrung des Netzbezugs auch die Berücksichtigung von Angelegenheiten der örtlichen Gemeinschaft (§ 46 Abs. 4 S. 2 EnWG).[32] Dabei geht es insbesondere um die Einflussmöglich-

---

28 Zu Beispielen s.o. I.4.

29 Vgl. KG Berlin, EnWZ 2019, 76 (81 f.), das dabei von einer „freie[n] und nicht begründungsbedürftige[n]" Entscheidung der Gemeinde spricht und einen „Ermessensspielraum" annimmt.

30 BGHZ 199, 289 (305 Rn. 52) – *Stromnetz Berkenthin*.

31 Dazu BT-Drs. 18/8184, S. 15.

32 Aus der Rspr. grundlegend zur Reichweite 199, 289 (302 ff. Rn. 43 ff.) – *Stromnetz Berkenthin*. § 46 Abs. 4 S. 2 (geändert durch BGBl. 2017 I, 130) bildet diese Rechtsprechung nunmehr ab.

keiten der Gemeinde. Problematisch ist hier, ob die Forderung oder das Angebot (im Rahmen eines Konzept- und Ideenwettbewerbs), die Gemeinde *gesellschaftsrechtlich* am Netzunternehmen zu beteiligen, zugunsten des Bewerbers berücksichtigt werden darf. Im Musterkriterienkatalog werden z. B. die Teilhabe der Gemeindeeinwohner am Netzbetrieb – sei sie wirtschaftlicher (finanzielle Beteiligung an der Netzgesellschaft) oder nichtwirtschaftlicher (Schaffung eines Energiebeirats zur Beteiligung der Öffentlichkeit) Art – genannt.[33] Solche strategischen (z. B. Einfluss der Gemeinde auf die Netzgesellschaft) oder allgemein wirtschaftliche (z. B. Schaffung von Arbeitsplätzen in der Gemeinde) Kriterien sind unzulässig, sofern sie keinen Netzbezug aufweisen.[34] Besonders deutlich wird dies, wenn sich neben privaten Unternehmen auch ein gemeindliches Unternehmen oder ein Eigenbetrieb (vgl. § 46 Abs. 6 EnWG) bewerben und dabei beim gesellschaftsrechtlichen Einfluss einen unzulässigen Vorteil hätten, weil sie nämlich die vollständige Kontrolle durch die Gemeinde bzw. ihre Organe anführen könnten.[35] Eine solche strukturelle Asymmetrie wäre für private Unternehmen umso schwerer überwindbar, je stärker dieses Kriterium gewichtet wird. Aus dem gleichen Grund ist es unzulässig, das kommunale Unternehmen teilweise deshalb zu bevorzugen, weil es *lokal* mehr Arbeitsplätze schafft als ein überregional tätiges privates Unternehmen.

Die Gegenansicht[36] argumentiert damit, dass sich eine solche restriktive Auslegung nicht aus § 46 EnWG entnehmen lasse und aufgrund der in Art. 28 Abs. 2 GG gewährleisteten kommunalen Selbstverwaltungsgarantie verfassungsrechtlich sogar unzulässig sei. Dies verkennt jedoch die Bedeutung der Berufs- und Wettbewerbsfreiheit (Art. 12 Abs. 1 GG), des allgemeinen Gleichheitssatzes (Art. 3 Abs. 1 GG) und des aus dem Rechtsstaats-

---

33 Vgl. dazu auch *Ministerium für Umwelt, Klima- und Energiewirtschaft Baden-Württemberg,* Konzessionsvergabe. Musterkriterienkatalog als Orientierungshilfe für die Entscheidung über die Einräumung von Wegerechten zum Betrieb von Strom- und Gasverteilnetzen der allgemeinen Versorgung, zuletzt geändert am 05.03.2015 (zurzeit in Bearbeitung).

34 S. dazu auch BGHZ 199, 289 (305 f. Rn. 53) – *Stromnetz Berkenthin*; *N. Huber,* in: Kment (Hrsg.), EnWG, 2. Aufl. 2019, § 46 EnWG Rn. 78, 82 m.w.N.; für einen weiteren Spielraum der Gemeinden mit Blick auf Art. 28 Abs. 2 S. 1 GG dagegen *Kupfer,* NVwZ 2017, 428 (430 f.); für eine generelle Zulässigkeit plädiert – zu Unrecht – *Wieland,* DÖV 2015, 169 (173 f.).

35 S. dazu BGHZ 199, 289 (306 Rn. 53) – Stromnetz Berkenthin; sehr krit. *Hellermann,* EnWZ 2014, 339 (341 ff.).

36 *Hellermann,* Die gemeindliche Entscheidung über die Vergabe von Strom- und Gaskonzessionsverträgen, 2013, S. 33 f.; *Wieland,* DÖV 2015, 169 (172, 174).

und Demokratieprinzip abgeleiteten Vorbehalts des Gesetzes. So gilt umgekehrt, dass im Falle eines Grundrechtseingriffs, der vorliegend jedenfalls in einer Ungleichbehandlung bei den genannten Kriterien besteht, ein Gesetz erforderlich ist, dass es den Gemeinden ausdrücklich gestattet, auch gesellschaftsrechtliche oder allgemein-wirtschaftliche Gründe zu berücksichtigen; dies ist hier indes nicht der Fall. Die Pflicht zur ausdrücklichen gesetzlichen Gestattung einer Ungleichbehandlung gilt gerade auch für eine verhältnismäßige und damit rechtfertigungsfähige Regelung, die hier mit Blick auf Art. 28 Abs. 2 S. 1 GG womöglich sogar gegeben wäre. Art. 28 Abs. 2 S. 1 GG sowie die deklaratorischen Satzungsklauseln der Gemeindeordnungen (z. B. Art. 23 S. 1 BayGO, § 7 Abs. 1 S. 1 GO NRW) sind nach überwiegender Auffassung dagegen selbst keine ausreichenden Ermächtigungsgrundlagen für Grundrechtseingriffe.[37]

b) Unterkriterien

Es besteht keine Pflicht zur Bildung von Unterkriterien, die die gröber strukturierten Auswahlkriterien (s. a)) noch weiter konkretisieren.[38] So muss z. B. nicht von der Gemeinde vorab festgelegt werden, was genau unter „Verbraucherfreundlichkeit" zu verstehen ist. Je unbestimmter die Auswahlkriterien sind, desto größer ist der Konzept- und Ideencharakter der ganzen Vergabe. Insoweit erklären sich auch die Befürchtungen bei einer weitgehenden Konkretisierung der Unterkriterien: Detaillierte Vorgaben seien problematisch, weil die Möglichkeiten zur konzeptionellen Darstellung beschränkt würden[39]; in der Folge könnten innovative Angebotsinhalte (Konzept- und Ideenwettbewerb) u. U. weniger berücksichtigt werden und es bestehe die Gefahr des Zuschnitts auf einzelne Bewerber.[40]

Die letztere Befürchtung von *BKartA* und *BNetzA* steht in Widerspruch zur unter II. aufgeführten Befürchtung des OLG Brandenburg. Hier soll

---

37 Aus der Rspr. BVerwGE 90, 359 (362 f.); BVerwGE 125, 68 (70 f.); BVerwGE 148, 133 (142 ff. Rn. 25 ff.); aus der Lit. s. statt vieler *Burgi*, Kommunalrecht, 6. Aufl. 2019, § 15 Rn. 36; *Dreier*, in: Dreier (Hrsg.), GG, 3. Aufl. 2015, Art. 28 Rn. 134 m.w.N.; a.A. etwa *M. Böhm*, in: Lübbe-Wolff/Wegener (Hrsg.), Umweltschutz durch kommunales Satzungsrecht, 3. Aufl. 2002, S. 413 ff.

38 OLG Brandenburg, EnWZ 2017, 457 (460); LG Berlin, ZNER 2015, 158 (166).

39 OLG Celle, EnWZ 2016, 310 (313) m.w.N. m. Anm. *Templin*; vgl. für das Vergaberecht VK Lüneburg, Beschl. v. 04.10.2011, VgK-26/2011, juris, Rn. 182.

40 Vgl. *BKartA/BNetzA*, Gemeinsamer Leitfaden von Bundeskartellamt und Bundesnetzagentur zur Vergabe von Strom- und Gaskonzessionen und zum Wechsel des Konzessionsnehmers, 2. Aufl. v. 21.05.2015, Rn. 33.

ein Konzept- und Ideenwettbewerb weniger anfällig für ergebnisorientierte Entscheidungen (nicht diskriminierungsfreie Bevorzugung des kommunalen Unternehmens) sein, nach dem OLG Brandenburg soll das Gegenteil gelten. Mangels empirischer Abstützung kann keine der Ansichten für sich eine höhere Plausibilität beanspruchen. Somit kommt es immer auf die konkrete Ausgestaltung und die jeweils im Einzelfall entscheidende Gemeinde an. Allgemein gilt aber, dass die Gemeinde wegen des Diskriminierungsverbots (§ 19 Abs. 2 Nr. 1 GWB, § 46 Abs. 1 S. 1 EnWG, Art. 3 Abs. 1 GG) kein Kriterium in das Verfahren einführen darf, von dem sie vorher weiß, dass es nur von einem Bewerber erfüllt werden kann.[41] Ein Grenze besteht jedenfalls auch darin, „keine sachfremden, überraschenden oder unter die Kriterien nicht zu subsumierenden Gesichtspunkte“ einfließen zu lassen.[42] Sicher ist zudem, dass dieser Ergebnisoffenheit durch eine detaillierte Begründung und Dokumentation der Bewertungen der Angebote zu begegnen ist.[43]

c) *Gewichtung der Auswahlkriterien (§ 46 Abs. 4 S. 1-3 EnWG)*

Ausgangspunkt der Gewichtung der Auswahlkriterien ist die gesetzliche Verpflichtung der Auswahlentscheidung auf die Ziele des § 1 Abs. 1 EnWG in § 46 Abs. 4 S. 1 EnWG. Nach dem BGH müssen diese mit mindestens 50% gewichtet werden.[44] *BKartA* und *BNetzA* sehen eine Gewichtung von 70% als „safe harbour“ für die Gemeinden an.[45] In der Praxis werden tendenziell Größenordnungen zwischen 65 % und 75% verwendet. Angesichts der expliziten Regelung stehen Wortlaut und Systematik diesen Auslegungen jedenfalls nicht entgegen. Innerhalb der Ziele des § 1 Abs. 1 EnWG ist

41 Vgl. *Theobald*, in: Danner/Theobald (Hrsg.), Energierecht, EL 78 (September 2013), § 46 EnWG Rn. 124, der aber zugleich einräumt, dass dies häufig geschehe.

42 So für das Vergaberecht VK Lüneburg, Beschl. v 04.10.2011, VgK-26/2011, juris, Rn. 182.

43 Vgl. OLG Schleswig, Beschl. v. 17.10.2017, 16 U 68/17 Kart, juris, Rn. 4. Vgl. zur Dokumentation für das Vergaberecht in § 8 Abs. 1 VgV BGH, NZBau 2017, 366 (371) – *Postdienstleistungen*.

44 BGHZ 199, 289 (299, 312 f. Rn. 82) – *Stromnetz Berkenthin*: „vorrangig“; so auch OLG Celle, KommJur 2017, 181 (183) m.w.N.

45 *BKartA/BNetzA*, Gemeinsamer Leitfaden von Bundeskartellamt und Bundesnetzagentur zur Vergabe von Strom- und Gaskonzessionen und zum Wechsel des Konzessionsnehmers, 2. Aufl. v. 21.05.2015, Rn. 33.

der sichere Netzbetrieb von herausragender Bedeutung.[46] Im Übrigen werden die Kriterien zu den Inhalten des Konzessionsvertrags, insbesondere die Bereitschaft den zulässigen Höchstsatz an Konzessionsabgaben zu zahlen[47], sowie die Angelegenheiten der örtlichen Gemeinschaft (§ 46 Abs. 4 S. 2 EnWG) entsprechend schwächer gewichtet.[48] Die geringere Bedeutung von letzteren wird schon im Wortlaut selbst angedeutet: „können auch [...] berücksichtigt werden".

d) *Bekanntmachung der Auswahlkriterien und ihrer Gewichtung (§ 46 Abs. 4 S. 4 EnWG)*

Umstritten ist, ob eine vorherige Bekanntmachung[49] der Gewichtung von (etwaigenfalls gebildeten) Unterkriterien erforderlich ist.[50] Umgekehrt folgt aus dem Charakter des Konzept- und Ideenwettbewerbs, dass gerade keine vertieften Erläuterungen zu den Erwartungen an die Inhalte eines einzureichenden Konzepts erforderlich sind;[51] ansonsten könnte die Gemeinde auch gleich selbst ein detailliertes Programm erstellen – wie beim Leistungsverzeichnis im Vergaberecht –, das von allen Bewerbern in ähnli-

---

46 BGHZ 199, 289 (313 Rn. 84): „überragende[s] Ziel der Netzsicherheit"; weiter verweist der BGH auf den (unverbindlichen) Musterkriterienkatalog und die dortige Gewichtung mit 25%. *BKartA/BNetzA*, Gemeinsamer Leitfaden von Bundeskartellamt und Bundesnetzagentur zur Vergabe von Strom- und Gaskonzessionen und zum Wechsel des Konzessionsnehmers, 2. Aufl. v. 21.05.2015, Rn. 33: „überragende Stellung" der Versorgungssicherheit.

47 Vgl. dazu KG Berlin, EnWZ 2019, 264 (269): „unvertretbar" sei es, „Wegenutzungsentgelte und sonstige zulässige Leistungen nach § 3 KAV" mit ca. 12,6% zu gewichten, wenn der sichere Netzbetrieb auch nur mit ca. 16% gewichtet wird.

48 Zu unverbindlichen Gewichtungsvorschlägen s. *Ministerium für Umwelt, Klima- und Energiewirtschaft Baden-Württemberg*, Konzessionsvergabe. Musterkriterienkatalog als Orientierungshilfe für die Entscheidung über die Einräumung von Wegerechten zum Betrieb von Strom- und Gasverteilnetzen der allgemeinen Versorgung, zuletzt geändert am 05.03.2015 (zurzeit in Bearbeitung).

49 Zu den hier nicht näher zu behandelnden weiteren (formellen) Kriterien s. etwa zum Neutralitätsgebot s. OLG Brandenburg, EWeRK 2016, 325 ff. m. Anm. *Boos*; *Kermel/Vennewald*, EWeRK 2016, 335 f.; *Reimann/Kallweit*, EWeRK 2016, 336 ff.; *Meyer-Hertling/J. Schneider*, EnWZ 2017, 387 ff.; zum Transparenzgebot s. nur *N. Huber*, in: Kment (Hrsg.), EnWG, 2. Aufl. 2019, § 46 Rn. 95 m.w.N.

50 Dafür: OLG Frankfurt, Beschl. v. 09.03.2015, 11 W 47/14 (Kart), juris, Rn. 21; KG Berlin, EnWZ 2019, 264 (269); dagegen OLG Brandenburg, EnWZ 2017, 457 (460) m.w.N., für funktionale Leistungsbeschreibungen.

51 So zum Vergaberecht: BGH, NZBau 2017, 366 (370 f.) – *Postdienstleistungen*.

chem oder gleichem Umfang erfüllt wird und ohne dass – im Unterschied zum Vergaberecht – der Preis (hier: die Höhe der Konzessionsabgabe) als letztes echtes Unterscheidungskriteriums verbleiben würde.

3. *Wertung: Die (überschätze) Diskussion um die sog. absolute oder relative Bewertungsmethode*

Allgemein gilt, dass bei Konzepten stets die Pflicht zur besonders sorgfältigen Bewertung besteht.[52] Weiter muss als Ausprägung des Transparenzgebots die Bewertung ausführlich und nachvollziehbar dokumentiert werden.[53] Konkret im Hinblick auf den Konzept- und Ideenwettbewerbs wird nun eine intensive Debatte in Rechtsprechung und Literatur darüber geführt, ob eine bestimmte Art der Bewertungsmethode wettbewerbsfördernder und damit im Sinne der Zwecke von §§ 1, 46 EnWG auch zulässig oder sogar zwingend geboten ist; im GWB-Vergaberecht ist dies ohne Beispiel, dort wird ausschließlich die nachfolgend als „absolut“ bezeichnete Bewertungsmethode praktiziert, auch bei Konzept- und Ideenwettbewerben.[54]

Ausgangspunkt ist hier nun die sog. absolute (objektive) Bewertungsmethode. Danach wird jedes Angebot „für sich“ bewertet, wobei die Gemeinde konkret vorgibt, was angeboten werden muss, um die Höchstpunktzahl zu erreichen.[55] Damit ist nicht nur die Bewertungsmethode, sondern auch die Bewertungsgrundlage betroffen. Denn die absolute Bewertungsmethode ist umso plausibler, je konkreter die Kriterien und Unterkriterien in der Leistungsbeschreibung sind.

Daran wird kritisiert, dass es unmöglich sei, weitergehende Angebotsinhalte der Bieter zu antizipieren und im Vorhinein zu bewerten; für neue Ideen – außerhalb der Vorstellung der Gemeinde im Zeitpunkt der Aus-

---

52 So zum Vergaberecht BGH, NZBau 2017, 366 (371) – *Postdienstleistungen*; für § 46 EnWG auch *N. Huber*, in: Kment (Hrsg.), EnWG, 2. Aufl. 2019, § 46 EnWG Rn. 90. S. auch oben Fn. 43.

53 Vgl. zur Dokumentation für das Vergaberecht in § 8 Abs. 1 VgV BGH, NZBau 2017, 366 (371) – *Postdienstleistungen*. S.o. zur Bewertung der Unterkriterien Fn. 43.

54 Zur Diskussion um die sog. Schulnotenrechtsprechung s. nur BGH, NZBau 2017, 366 (370 f.) – *Postdienstleistungen* m.w.N. zur Rspr.; aus der Lit. *Burgi*, Vergaberecht, 2. Aufl. 2018, § 18 Rn. 17 ff. m.w.N.

55 S. dazu nur *Wegner*, in: Säcker (Hrsg.), Berliner Kommentar zum Energierecht, Bd. 1 Hb. 2, 4. Aufl. 2019, § 46 EnWG Rn. 124.

schreibungsvorbereitung – sei kein Raum.[56] Anders ausgedrückt: Die Gemeinde kann vorab gar nicht wissen, was das bestmögliche Konzept beispielsweise für die Netzsicherheit oder die Verbraucherfreundlichkeit ist. Ein Bewerber, der mehr anbieten würde als von der Gemeinde verlangt wird, hätte kaum einen Vorteil gegenüber seinen Konkurrenten, die bloß die Vorgaben der Gemeinden erfüllen, ohne darüber hinaus zu gehen. Die Konkurrenten erhielten die gleiche Punktzahl; und dies, obwohl ein Angebot tatsächlich „besser" ist, was aber durch die absolute Bewertungsmethode rechtlich nicht abgebildet werden kann. Eine solche Fixierung des Erwartungshorizonts widerspreche dem Charakter eines Verfahrens, das einen freien Wettbewerb ermöglichen soll, und stehe einem Ideenwettbewerb entgegen.[57]

Als Alternative wird daher die sog. relative Bewertungsmethode präsentiert. Dabei erhält das Angebot die volle Punktzahl, das im Vergleich zu den anderen Angeboten (relativ) das Beste ist. Schlechtere Angebote erhalten entsprechende Punktabzüge, wobei nicht vorab bekanntgemacht wird, wie sich die Abschläge berechnen.[58] Nach anfänglicher Kritik ist diese Bewertungsmethode in Rechtsprechung und Literatur als grundsätzlich zulässig angesehen worden.[59] Begründet wird dies insbesondere mit dem Argument, dass diese Bewertungsmethode den Konzept- und Ideenwettbewerb besser fördere als die Vorgabe fester Maßstäbe und weil damit eine „Übererfüllung" der Vorstellungen des Auftraggebers fairer abgebildet werden könne. Entscheidend ist aber auch hier die der Bewertung vorgelagerte Frage des Konkretisierungsgrads der Auswahlkriterien. Insoweit geht es gerade auch um ein Plädoyer gegen allzu detaillierte Unterkriterien. Wie oben bereits gezeigt, gilt: Je unbestimmter die Anforderungen sind, desto größer ist tendenziell der Konzept- und Ideenwettbewerb.[60] Wird dieser angestrebt – wobei nochmals zu betonen ist, dass dies keine zwingende ge-

---

56 *Kupfer*, NVwZ 2017, 428 m.w.N.; aus der Rspr. vgl. etwa OLG Celle, EnWZ 2016, 310 (314) m. Anm. *Templin*; LG Leipzig EnWZ 2015, 376 (378).

57 LG Leipzig, EnWZ 2015, 376 (378); LG München I, EnWZ 2016, 378 (380).

58 Vgl. *Kupfer*, NVwZ 2017, 428; den zweiten Aspekt betonen *Meyer-Hetling/A. F. Spengler*, EnWZ 2019, 399 (401).

59 S. nur OLG Celle, EnWZ 2016, 310 (314) m. Anm. *Templin*; LG München I, EnWZ 2016, 468 (472); Kupfer, NVwZ 2017, 428 f.; a.A. noch OLG Stuttgart, Urt. v. 19.11.2015, 2 U 60/15, juris, Rn. 75; LG Stuttgart, Beschl. v. 21.11.2014, 11 O 180/14, juris, Rn. 102.

60 Dies stimmt mit der Vorstellung eines „freien Marktes" überein, indem der Staat den privaten Unternehmen nicht vorgibt, welche Anforderungen ihre Produkte erfüllen müssen.

setzliche Vorgabe ist –, liegt die relative Bewertungsmethode in der Tat näher.

Die absolute Bewertungsmethode ist dennoch auch bei der Vorlage von Konzepten nicht grundsätzlich ausgeschlossen.[61] Vielmehr wäre im Falle schwach determinierter Auswahlkriterien eine Anpassung dergestalt denkbar, dass die Erwartungen zur vollständigen „Erfüllung" eines Auswahlkriteriums derart hochgelegt werden, dass ein gewöhnlicher Bewerber – nach gegenwärtigen Stand – dies nicht (vollständig) leisten kann und es nur einem besonders innovativen Wettbewerber gelingen wird. Wenn die Konkurrenten mittelmäßig sind, setzt sich schon der Gute durch, auch wenn er selbst nicht perfekt ist.[62] Dies ist kein Widerspruch zum Rechtsgrundsatz „impossibilium nulla obligatio est"[63], da jedenfalls ein Bewerber am Ende ausgewählt wird.

Eine weitergehende Befürchtung hat das OLG Celle dahingehend geäußert, dass „realistisch […] bei der Offenlegung von absoluten Kriterien diese von allen Interessenten erfüllt und so eine Differenzierung unmöglich"[64] würde. Hier geht es also nicht nur darum, dass Wettbewerb wegen fehlender Anreize vereitelt wird (indem ein faktisch „besserer" Wettbewerber wegen der Starrheit der Bewertungsmethode rechtlich nicht profitiert), sondern dass gar keine Auswahl getroffen werden kann. Im Vergleich zum Vergaberecht wird dies dadurch noch verschärft, dass auch der Preis als Unterscheidungsmerkmal weitgehend ausfällt. Im Vergaberecht besteht für die Auftraggeber dagegen die „Sicherheitslösung" darin, genau vorzugeben, welche Voraussetzungen von den Bietern erfüllt werden müssen, um eine bestimmte Punktzahl oder Note zu erzielen,[65] sodass im Zweifel der Preis entscheidet. Dies ist aber – wie gezeigt – primär eine Frage nach der Detailliertheit der Auswahlkriterien und erst sekundär eine nach der Bewertungsmethode.

---

61 A.A. *Graßmann/Bläß*, in: Elspas/Graßmann/Rasbach (Hrsg.), EnWG, 2018, § 46 EnWG Rn. 135, wonach allein die relative Bewertungsmethode zweckmäßig erscheine.

62 Es geht gerade nicht um ein „Netzbetreiber-Abitur", so pointiert *Kupfer*, NVwZ 2017, 428 (429). Zum Vergleich: Die Bewertungspraxis im juristischen Studium und in den Prüfungen der Staatsexamina ermöglicht eine genauere Ausdifferenzierung als dies in anderen Fächern der Fall ist, bei denen zwischen (tatsächlich) exzellenten und durchschnittlichen Studenten der notenmäßige Unterschied zum Teil eher gering ausfällt und insbesondere Spitzennoten immer häufiger vorkommen („Noteninflation").

63 D. 50.17.185; Celsus 8 Dig.

64 OLG Celle, Urt. v. 17.03.2016, 13 U 141/15 (Kart), juris, Rn. 127.

65 *Burgi*, Vergaberecht, 2. Aufl. 2018, § 19 Rn. 17c.

Als Zwischenfazit lässt sich festhalten, dass grundsätzlich beide Methoden gewählt werden können. Je unbestimmter die Auswahlkriterien sind, mit dem Zweck einen Konzept- und Ideenwettbewerb zu ermöglichen, desto näher liegt jedoch die relative Bewertungsmethode. Eine Grenze besteht aber darin, dass den Bietern klar sein muss, worauf es der Gemeinde bei der Entscheidung ankommt (s. IV.1.). Die jeweilige Ausgestaltung kann im Einzelfall dann unzulässig sein.

4. *Reichweite von Entscheidungsspielräumen der Gemeinde*

Auf der Ebene der Leistungsbeschreibung sowie bei Festlegung und Gewichtung der Auswahlkriterien besteht ein weiter Entscheidungsspielraum der Gemeinden (vgl. auch § 46 Abs. 4 S. 3 EnWG); der Gemeinde ist dabei auf der Rechtsfolgenseite ein (Auswahl-)Ermessen eingeräumt.[66] Dies bestätigt auch die Begründung zum Entwurf eines Gesetzes zur Änderung der Vorschriften zur Vergabe von Wegenutzungsrechten zur leitungsgebundenen Energieversorgung, mit dem § 46 EnWG zuletzt geändert worden ist: „Insoweit ist ihr [der Gemeinde; *Anm. der Verf.*] ein *ausreichender Ermessensspielraum* zu gewähren. [...] Von einer strikten gesetzlichen Vorgabe, wie die einzelnen Ziele des § 1 Absatz 1 EnWG in konkrete Auswahlkriterien ‚umzuwandeln' sind, wird im Rahmen der vorliegenden Novelle Abstand genommen. [...] Es ist daher sachgerecht, der Gemeinde einen weiten Entscheidungsspielraum zu überlassen (siehe auch Satz 3) und die Konkretisierung der einzelnen Ziele des § 1 Absatz 1 EnWG durch die Praxis und die Auslegung durch die Rechtsprechung weiterhin zuzulassen."[67] Verfassungsrechtlich kann dies wiederum durch die Garantie kommunaler Selbstverwaltung (Art. 28 Abs. 2 GG) abgestützt werden.[68]

Auf der Ebene der Bewertung der Angebote besteht auf Tatbestandsebene – ähnlich wie im Vergabeverfahren im Rahmen von § 127 GWB – ein

66 Vgl. auch *M. Albrecht*, in: J.-P. Schneider/Theobald (Hrsg.), Recht der Energiewirtschaft, 4. Aufl. 2013, § 9 Rn. 92.

67 BT-Drs. 18/8184, S. 13 (Hervorhebung *der Verf.*); *M. Albrecht*, in: J.-P. Schneider/Theobald (Hrsg.), Recht der Energiewirtschaft, 4. Aufl. 2013, § 9 Rn. 92 spricht dabei von einem „Auswahlermessen".

68 Vgl. *Theobald*, in: Danner/Theobald (Hrsg.), Energierecht, EL 78 (September 2013), § 46 EnWG Rn. 120.

erheblicher Beurteilungsspielraum der Gemeinden.[69] Gerichtlich überprüfbar ist, „ob das vorgeschriebene Verfahren eingehalten, von keinem unzutreffenden oder unvollständig ermittelten Sachverhalt ausgegangen worden ist, keine sachwidrigen Erwägungen in die Entscheidung eingeflossen sind und sich die Wertungsentscheidung im Rahmen der Gesetze und der allgemein gültigen Beurteilungsmaßstäbe halten“[70]. Dieser Beurteilungsspielraum greift auch dann ein, wenn sich kommunale Unternehmen um die Erteilung von Konzessionen bewerben.[71]

Schließlich ist das Zusammenspiel der verschiedenen Ebenen zu beachten: Je weniger Auswahlkriterien bestehen und je unbestimmter diese nach der gemeindlichen Entscheidung sind, desto größer wird der Spielraum der Gemeinde bei der Auswahlentscheidung, weil die Wertung durch das Gericht (und die unterlegenen Bieter) nicht in gleichem Maße nachvollzogen werden kann wie bei der detaillierten Festlegung von Unterkriterien und Unter-Unterkriterien für jeden einzelnen Bereich.

V. Fazit

Der Beitrag hat Möglichkeiten und Grenzen der Bewerberauswahl bei der Konzessionsvergabe nach § 46 EnWG aufgezeigt. Folgende Erkenntnisse lassen sich festhalten: Der Konzept- und Ideenwettbewerb ist zwar nicht ausdrücklich gesetzlich geregelt, ist aber ein geeignetes Instrument, um den „Wettbewerb um das Netz“ sowie die Ziele des § 1 Abs. 1 EnWG zu optimieren. Die Gemeinden verfügen über einen weiten Ermessensspielraum, ihre Verfahren für dieses Instrument zu öffnen. Dabei können sie – wie gezeigt – die Entwicklung von Konzepten verlangen, in gewissen Grenzen auf die Bildung detaillierter Unterkriterien verzichten, konzeptaffinere Auswahlkriterien stärker gewichten und zudem vertraglich absi-

---

69 S. zum Vergaberecht *Burgi*, Vergaberecht, 2. Aufl. 2018, § 18 Rn. 14 f.; *Ricken*, Beurteilungsspielräume und Ermessen im Vergaberecht, 2014, S. 308 ff.; allg. zur gerichtlichen Kontrolldichte und ihren Beschränkungen s. statt vieler *Schulze-Fielitz*, in: Dreier (Hrsg.), GG, Bd. 1, 3. Aufl. 2013, Art. 19 Abs. 4 Rn. 116 ff.; *P. M. Huber*, in: von Mangoldt/Klein/Starck, GG, Bd. 1, 7. Aufl. 2018, Art. 19 Rn. 511 ff.; zusammenfürend *Gerlach*, Entscheidungsspielräume der Verwaltung, 2018.

70 OLG Celle, EnWZ 2016, 310 (315) m. Anm. *Templin*; s. auch OLG Celle, KommJur 2017, 181 (187).

71 Enger dagegen *Wegner*, in: Säcker (Hrsg.), Berliner Kommentar zum Energierecht, Bd. 1, Hb. 2, 4. Aufl. 2019, § 46 EnWG Rn. 146, der in diesem Fall den Beurteilungsspielraum wegen des Interessenskonflikts (Entscheidung in eigener Sache) und bestehender Manipulationsgefahr ablehnt; vgl. auch *Säcker*, RdE 2015, 1 (2).

chern sowie die relative Bewertungsmethode anwenden. Umgekehrt ist es den Gemeinden nicht verwehrt, auf einen Konzept- und Ideenwettbewerb zu verzichten oder ihn im Umfang nur eingeschränkt zu praktizieren. Der vergleichende Blick hat ergeben, dass die Konzessionsvergabe nach § 46 EnWG auch von den Lernerfahrungen des GWB-Vergaberechts profitieren kann. Im Einzelfall ist jeweils zu fragen, wie die Vorzüge aus beiden Welten am besten miteinander kombiniert werden können. Bei alledem erweist sich die Konzessionsvergabe nach § 46 EnWG als weiterer Baustein im sowohl aus politischer als auch aus verwaltungs- und verfassungsrechtlicher Sicht vielfarbigen Mosaik des „Verteilungsverwaltungsrechts“[72].

---

72 Monographisch *Wollenschläger*, Verteilungsverfahren 2010. Zu aktuellen Fragen s. für die Kinderbetreuung *Heitzer/D. Wolff*, Die Verwaltung 51 (2018), 523 ff.; s. für die Studienplatzvergabe *D. Wolff/P. Zimmermann*, WissR 51 (2018), 159 ff.; s. für die Standplatzvergabe *P. Zimmermann*, WiVerw 2020, i. E.

Rügeobliegenheit und Präklusion im Vergabeverfahren

Ullrich Kleybolte[1]

Bis zur Neufassung des Energiewirtschaftsgesetzes im Februar 2017 sind Einwendungen der Bieter im Vergabeverfahren regelmäßig erst nach Mitteilung der Bewertungsergebnisse durch die vergebende Gemeinde im einstweiligen Verfügungsverfahren vorgebracht worden, um unmittelbar vor Abschluss der Verfahren den Zuschlag an Konkurrenten zu verhindern. Dies war bei den oft langen Vergabeverfahren besonders misslich, wenn sich die Einwendungen nicht gegen die Bewertung selbst, sondern gegen die in den Verfahrensbriefen mitgeteilten Kriterien, deren Gewichtung oder die Bewertungsmethoden richteten. Faktisch mussten bei der Feststellung von Fehlern in diesem Bereich die Verfahren von neuem beginnen. Um diesen Umständen entgegenzuwirken, ist bei der Neufassung in § 47 EnWG für die Bieter eine Rügeobliegenheit eingeführt worden, deren Verletzung Präklusionswirkungen nach sich zieht. Sofern eine nach der Vorschrift gebotene Rüge unterbleibt, ist der betreffende Bieter für das weitere Verfahren mit seiner Einwendung ausgeschlossen. Damit soll nach der Intention des Gesetzgebers

- eine Beschleunigung der Ausschreibungsverfahren
- eine Stärkung der Rechtssicherheit
- ein erhöhter Vertrauensschutz

erreicht werden.[2]

Um diese Ziele möglichst rasch zu erreichen, hat der Gesetzgeber die Wirkung des § 47 EnWG nicht auf die nach dem Inkrafttreten des Gesetzes eingeleiteten Vergabeverfahren beschränkt, sondern in § 118 Abs. 23

---

1 Ullrich Kleybolte ist Vorsitzender Richter am Landgericht Hannover.
2 Bundestagsdrucksache 18-8184,16.

EnWG angeordnet, dass die Regelung mit der Maßgabe anwendbar ist, dass die in der Vorschrift genannten Fristen mit Zugang einer Aufforderung zur Rüge beim jeweiligen Unternehmen beginnen. Die Neuregelung gilt damit auch für alle vorher begonnenen Vergabeverfahren, in denen die Gemeinden derartige Rügeaufforderungen den Bietern übermittelt haben.

Mit dem Anwendungsbereich des § 47 EnWG, d. h. mit dem Umfang der Rügeobliegenheit, dem Verfahrensablauf und der Präklusionswirkung möchte ich mich im Weiteren befassen:

I. Anwendungsbereich des § 47 EnWG – Umfang der Rügeobliegenheit

Offenbar bewusst hat der Gesetzgeber nicht die wesentlich detailliertere Regelung der 2016 in Kraft getretenen Neufassung des GWB zur Nachprüfung von Vergabeverfahren übernommen. Dies hätte nicht zuletzt deshalb nahe gelegen, weil die Rechtsprechung zu im GWB bereits eingeführten Rechtsbegriffen übertragbar wäre und im wesentlichen bewährte Verfahrensregelungen genutzt werden könnten. Die Regelung in § 47 EnWG wirft Fragen auf, die durch eine Übernahme der Vorschriften des GWB vermieden worden wären. Ein Rückgriff auf das GWB im Wege der Analogie dürfte dennoch kaum möglich sein, weil man dem Gesetzgeber kaum eine planwidrige Regelungslücke wird unterstellen können.

1. Nach dem Wortlaut des § 47 Abs. 1 EnWG kann ein am Vergabeverfahren beteiligtes Unternehmen eine Rechtsverletzung durch Nichtbeachtung der Grundsätze eines transparenten und diskriminierungsfreien Verfahrens nach § 46 Abs. 1 bis 4 EnWG nur geltend machen, sofern es diese nach Maßgabe der Fristenregelungen in § 47 Abs. 2 EnWG gerügt hat.

Gegenstand einer Rüge ist dabei die Verletzung der Rechte eines Bieters. Die Regelung ist nach allgemeiner Auffassung weit auszulegen, um das gesetzgeberische Ziel der Verfahrensbeschleunigung und eine frühzeitige Beseitigung von Fehlern im Vergabeverfahren zu erreichen.[3] Auch Rechtsverstöße bei Zwischenentscheidungen der Gemeinde, wie z. B. der Bekanntgabe der Ausschreibungsunterlagen oder deren Änderungen während des Verfahrens, fallen darunter. Aus meiner Sicht besteht darüber hinaus Einigkeit darüber, dass über den unmittelbaren Wortlaut hinaus auch die Mitteilung des Ausschlusses von Bietern erfasst wird.[4] Da durch die mit

---

3 Huber in Kment, EnWG, 2. Aufl. § 47 Rn. 2.

4 vgl. Huber in Kment, Energiewirtschaftsgesetz 2. Auflage § 47 Rz.3; OLG Celle, Beschluss vom 18.11.2019, 13 U 55/19, S. 12,13.

der Rügeobliegenheit verknüpfte Präklusionswirkung eine Einschränkung des rechtlichen Gehörs verknüpft ist, wird man aber ihren Anwendungsbereich auf Rechtsverstöße beschränken müssen, die sich aus kommunalen Mitteilungen während des Verfahrens ergeben.

Nicht gerügt werden kann z.B. die Verletzung des Rechtes der Bieter auf Akteneinsicht gem. § 47 Abs. 3 EnWG. Die Vorschrift sieht ein Recht auf Akteneinsicht der Bieter zur Vorbereitung einer die Auswahlentscheidung betreffenden Rüge ausdrücklich vor. Regelmäßig entsteht Streit darüber, wie weit dieses Recht geht und insbesondere, inwieweit das Einsichtsrecht zum Schutz von Geschäfts- oder Betriebsgeheimnissen anderer Bieter eingeschränkt werden kann. Das Oberlandesgericht Koblenz hat hierzu Folgendes ausgeführt:

> Die Rügepräklusion nach § 47 Abs. 5 EnWG gilt allerdings nur für „gerügte Rechtsverletzungen"; hiervon dürfte der Vorwurf mangelnder Akteneinsicht nicht erfasst sein. Nach der Systematik des § 47 EnWG bezieht sich dessen Absatz 5 nur auf Rechtsverletzungen im Sinne von Absatz 1 dieser Vorschrift, d. h. auf Rechtsverletzungen, die sich aus dem Verfahren nach § 46 Abs. 1 bis 4 EnWG ergeben. Das Akteneinsichtsrecht beruht indes auf § 47 Abs. 3 EnWG und dient lediglich der Vorbereitung einer Rüge i.S.d. § 47 Abs. 1, 46 Abs. 1 bis 4 EnWG. Auch nach Sinn und Zweck von § 47 Abs. 5 EnWG ist die Einleitung eines einstweiligen Rechtsschutzes isoliert, bezogen auf die Akteneinsicht weder geboten noch zweckmäßig. Ob und in welchem Umfang die Akteneinsicht erforderlich ist, kann stets nur bezogen auf die inhaltliche Rüge geltend gemacht werden."[5]

Das ist überzeugend. Allerdings kann sich daraus das Problem ergeben, dass mangels ausreichender Akteneinsicht die eigentliche Rügefrist nicht zu laufen beginnt.

Gemäß § 47 Abs. 2 Satz 4 EnWG läuft die Frist erst nach Akteneinsicht für den Bieter erneut ab dem ersten Tag, an dem die Gemeinde die Akten zur Einsichtnahme bereitgestellt hat. Wenn die Akten nur unvollständig zur Einsicht gegeben werden und zu einem späteren Zeitpunkt die Einsicht in weitere Aktenbestandteile ermöglicht wird, beginnt nach der Regelung die Rügefrist für daraus ersichtliche Rechtsverletzungen erst am Tag der späteren Akteneinsicht. Daher halte ich die mir aus den Vergabeverfahren bekannte Praxis der Kommunen, die Einsicht zunächst soweit wie möglich einzuschränken, nicht für sinnvoll. Auch kann es vorkom-

---

5 OLG Koblenz, Urteil vom 12.09.2019, U 678/19 Rn 26.

men, dass aufgrund der erst im gerichtlichen Verfahren bekannt gewordenen Aktenbestandteile Ansätze für neue Rügen wegen anderer Rechtsverletzungen erkennbar werden, die dann zu neuen Verfahren führen. Dadurch kann sich naturgemäß der Lauf der Vergabeverfahren insgesamt verzögern. Insgesamt stellt der Umgang mit dem Akteneinsichtsrecht ein ständig wiederkehrendes Problem dar, für das eine ausreichende und klare Regelung im Gegensatz zum GWB (§§ 163 ff GWB) fehlt. Einen Maßstab dafür bietet aber die EU Richtlinie 2007/66/EG, in deren Erwägungsrund 6 verlangt wird, dass den betroffenen Bietern die relevanten Informationen übermittelt werden, die für sie unerlässlich sind, um eine wirksame Nachprüfung zu beantragen. Die gängige Praxis, nur weitgehend geschwärzte Bewertungen zu Verfügung zu stellen und sich allgemein auf den Schutz von Geschäftsgeheimnissen zu berufen, genügt diesen Anforderungen nicht.

Rügen müssen in Textform erfolgen (§ 126 BGB), eine konkrete Beanstandung enthalten und begründet werden. Inhaltlich muss eine Rüge so gestaltet sein, dass die vergebende Gemeinde in die Lage versetzt wird, den beanstandeten Fehler zu erkennen und zu korrigieren. Insofern muss konkret dargestellt werden, welche Tatsachen einen Rechtsverstoß begründen, ohne dass damit eine umfassende rechtliche Bewertung verbunden sein muss.[6]

2. Nach Erhebung der Rüge, ggf. der Akteneinsicht, hat die Gemeinde eine Entscheidung über die Abhilfe zu treffen, diese zu begründen und darüber den rügenden Bieter in Textform zu informieren. Dieser kann, wenn der Rüge nicht abgeholfen wird, nur innerhalb von 15 Kalendertagen ab Zugang der Information nach § 47 Ab. 4 EnWG die Rechtsverletzung vor den ordentlichen Gerichten geltend machen (vergleichbar mit § 160 Abs. 1 Nr. 4 GWB). Dabei ist die Einhaltung der Rüge- und Klagefristen für jede Rechtsverletzung gesondert zu bestimmen, z.B. wenn rügebedingte Modifizierungen (Teil-Abhilfen) vorliegen, für die die Fristen neu zu laufen beginnen.[7]

3. Für das Gerichtsverfahren gelten gemäß § 47 Abs. 5 EnWG die Vorschriften der Zivilprozessordnung über das Verfahren auf Erlass einer einstweiligen Verfügung. Ein Verfügungsgrund braucht nicht glaubhaft gemacht zu werden. Hervorzuheben ist, dass mit Ausnahme des im einstwei-

6 OLG Stuttgart, Urt. v.6.6.2019, 2 U 218/18, RdE 2020 S. 34 ff, S. 38; Huber in Kment a. a. O. Rz. 8.

7 Fn. 6 Schleswig-Holsteinisches Oberlandesgericht, Urteil vom 25.6.2018 - 16 U 3/18 Kart. Rn. 50, 51.

ligen Verfügungsverfahren sonst erforderlichen Verfügungsgrundes, d. h. des Eilbedürfnisses, alle Vorschriften der Zivilprozessordnung über die einstweilige Verfügung anzuwenden sind. Das EnWG enthält darüber hinaus keine besonderen Regelungen oder Einschränkungen.

Dadurch ergeben sich erhebliche verfahrenstechnische Unterschiede zu den Vergabeverfahren nach dem GWB. Ob dies bei der Gesetzgebung in allen Konsequenzen beabsichtigt war, ist zu bezweifeln. Jedenfalls führt die knappe Verweisung zu einer Reihe von Problemen.

a) Nach dem Wortlaut des § 47 Abs. 6 EnWG gibt es anders als im GWB keine Vergabesperre für die Dauer des gerichtlichen Verfahrens. Der Hinweis auf die bei einem Vergabeverstoß aus kartellrechtlichen Gründen herzuleitende Nichtigkeit des Zuschlages/Vertrages gemäß § 134 BGB greift m.E. zu kurz.[8] Zum einen träte mit der Vergabe während des einstweiligen Verfügungsverfahrens dessen Erledigung in der Hauptsache gemäß § 91 a ZPO ein, da dieses regelmäßig konkret gegen die Vergabe gerichtet ist.. Es müsste ggfs. in einem gesonderten Hauptsacheverfahren geklärt werden, ob Rechtsverstöße vorliegen und der Zuschlag nichtig ist. Dass dies nicht mit den Zielen einer sicheren Energieversorgung und einer gestärkten Rechtssicherheit in Einklang zu bringen ist, liegt auf der Hand. Im Extremfall müsste nach einer erfolgreichen Klage Jahre nach der Übergabe eines Netzes an einen Betreiber dieses an einen anderen Betreiber übergeben werden. Um dies zu vermeiden, bietet es sich in der Praxis an, sich mit der Zustellung der Verfügungsanträge zusichern zu lassen, dass bis zum Abschluss des Verfahrens kein Zuschlag erfolgen wird. Anderenfalls kommt auch eine „Sicherheitsverfügung" für diesen Zeitraum in Betracht, für die es keine gesetzliche Grundlage gibt, die aber für notwendig gehalten wird, um einen effektiven Rechtsschutz zu gewährleisten.[9]

b) Gemäß §§ 935, 936, 920 Abs. 2 ZPO ist der Verfügungsanspruch, d. h. hier die Rechtsverletzung glaubhaft zu machen. Damit werden nach § 294 Abs. 1 ZPO alle Beweismittel, insbesondere die eidesstattliche Versicherung zugelassen, aber gemäß § 294 Abs. 2 ZPO ist „eine Beweisaufnahme, die nicht sofort erfolgen kann ... unstatthaft." Zugelassen sind demzufolge nur die sog. präsenten Beweismittel. Das Gericht kann keine Gutachten einholen, selbst Zeugen laden etc. Daraus ergibt sich eine erhebliche Einschränkung für die gerichtliche Sachverhaltsaufklärung. Weder die Über-

8 so Höch, Überprüfung der gemeindlichen Auswahlentscheidung in RdE 2017, S. 157 ff, S. 160.

9 vgl. zur Sicherungsverfügung im Vergabeverfahren OLG Düsseldorf, Urt. v. 13.1.2010 27 U 1/09 Leitsatz 4 und Rn 41.

prüfung technischer Fragen durch Sachverständige, noch die Vernehmung von Zeugen, die nicht selbst zur Verhandlung erscheinen, ist möglich.

c) Es gilt generell im Zivilprozessrecht der Beibringungsgrundsatz. Die in der Literatur vertretene Auffassung „auch wenn für dieses Verfahren eine § 82 Abs. 1 EnWG entsprechende Regelung fehlt, so wird man doch den öffentlich-rechtlichen Untersuchungsgrundsatz insoweit anzuwenden haben, als dies mit dem Charakter des einstweiligen Rechtsschutzes in Einklang zu bringen ist,"[10] ist m. E. nicht haltbar und ist mir noch in keiner gerichtlichen Entscheidung begegnet.[11] Anderenfalls gäbe es auch keine so ausgiebige Debatte um die sog. sekundäre Darlegungslast, die in Verfahren mit dem Untersuchungsgrundsatz in der Regel keine Rolle spielt. Anders als in § 163 GWB vorgesehen bestimmen allein die Parteien, was vorgetragen wird und welche Beweise und insbesondere Urkunden vorgelegt werden. Das Gericht hat, anders als in § 163 Abs. 2 GWB vorgesehen, keine Möglichkeit die Verfahrensakte der Gemeinde anzufordern und auszuwerten. Daraus resultiert das rein praktische Problem, dass oft erst in der mündlichen Verhandlung über die einstweilige Verfügung wesentliche Teile der Akten vorgelegt werden, ohne dass das Gericht dem entgegenwirken kann.

d) Ziel der Gesamtregelung ist es, eine schnelle und abschließende Klärung der gerügten Vorwürfe herbeizuführen. Vor diesem Hintergrund wird schlicht postuliert „Obwohl die behaupteten Rechtsverstöße im einstweiligen Verfügungsverfahren überprüft werden, wird das Vorliegen dieser Rechtsverstöße in den Verfahren abschließend geklärt".[12] Dafür findet sich im Gesetz keine Stütze. Allein die gesetzgeberische Intention einer schnellen Klärung reicht m. E. dazu auch nicht aus. Grundsätzlich erwachsen einstweilige Verfügungen hinsichtlich ihres Regelungsgegenstandes nicht in Rechtskraft.[13] Üblicherweise werden deshalb z. B. in Wettbewerbsstreitigkeiten darauf bezogene Abschlusserklärungen abgegeben. Ferner wird durch den Verweis auf die Vorschriften der Zivilprozessordnung auch gem. §§ 936, 926 ZPO die Möglichkeit gegeben, dass das Gericht der Partei, die eine einstweilige Verfügung erwirkt hat, aufgibt, innerhalb einer zu bestimmenden Frist Hauptsacheklage zu erheben.

---

10 Huber a. a. O. Rz. 30.

11 ebenso auch Höch, a.a.O. S. 160.

12 Huber a. a. O. Rz. 30.

13 darauf weist auch Höch a.a.O S. 164 hin.

e) Bereits die vorliegende Regelung hat zu einer Zersplitterung der Rechtsprechung geführt, weil gemäß § 542 Abs. 2 ZPO in einstweilen Verfügungsverfahren keine Revision zum Bundesgerichtshof möglich ist.

Anders als in § 179 Abs. 2 GWB vorgesehen, gibt es auch weder eine Vorlagepflicht noch ein Vorlagerecht oder die Möglichkeit der Zulassung der Revision durch die Rechtsmittelinstanz, d. h. die Oberlandesgerichte. Beim Ausschluss von Hauptsacheklagen wären die unter § 47 EnWG fallenden Rechtsfragen der Rechtsprechung des Bundesgerichtshofs vollständig entzogen.

II. Präklusionswirkung

Gemäß § 47 Abs. 2 Satz 1 bis 3 EnWG sind „Rechtsverletzungen, die erkennbar“ sind, ohne Rüge präkludiert. Wer seine Rechte nicht im Rügeverfahren wahrgenommen hat, kann diese zu späteren Zeitpunkten nicht mehr geltend machen. Die maßgebliche Frage ist daher, wann eine Rechtsverletzung „erkennbar“ im Sinne der Vorschrift ist.

Kommt es auf den konkreten Bieter und seine Rechtskenntnisse an oder auf einen objektiven „Referenzbieter“? Die gesetzliche Regelung selbst gibt darauf keine Antwort. Zurückgreifen kann man insoweit auf die Rechtsprechung zum GWB, d. h. dort zur alten Regelung des § 107 GWB. Hier wird inzwischen von der Rechtsprechung und der ganz herrschenden Meinung ein objektiver Maßstab angelegt, d. h. es kommt nicht auf den subjektiven Kenntnisstand des einzelnen Bieters an, sondern es wird auf einen objektiv zu fordernden Kenntnisstand abgestellt.[14] Soweit in der Vergangenheit im Einzelfall auch die individuellen Umstände des einzelnen Bieters und damit subjektive Maßstäbe berücksichtigt wurden, dürfte dies auch durch die Rechtsprechung des EuGH überholt sein. Eine Präklusion scheidet danach aus, wenn der fragliche Vergabefehler aus der Bekanntmachung oder den Vergabeunterlagen bei der Anwendung der üblichen Sorgfalt jedenfalls für einen durchschnittlich fachkundigen Bieter nicht erkennbar gewesen ist.[15] Maßstab sind also die Erkenntnismöglichkeiten eines durchschnittlich fachkundigen Bieters.[16]

---

14 vgl. Schweda in Langen/Bunte, Kartellrecht, 13. Auflage § 160 Rz. 19.

15 EuGH 12.03.2019 – C 538/13 „e vegilio“ Rn 55 – 58.

16 „...wenn man den Maßstab eines durchschnittlich fachkundigen Bieters, der die übliche Sorgfalt anwendet, anlegt“ 14 EuGH a.a.O. Rn 55.

Zu klären bleibt, welche Kenntnisse beim durchschnittlichen Bieter erwartet werden können. Im GWB und in der Entscheidung des EuGH ist die Rede von einem durchschnittlich fachkundigen Bieter. Was muss ein solcher aber wissen? Dazu hat das OLG Düsseldorf ausgeführt: „Nach der Rechtsprechung des Senats unterliegen ungeachtet des rechtlichen Maßstabs für eine Erkennbarkeit nach nur solche Verstöße gegen Vergabevorschriften einer Rügeobliegenheit, die auftragsbezogen sind, auf einer allgemeinen Überzeugung der Vergabepraxis gründen und die ins Auge fallen.[17] Für die Erkennbarkeit reicht es nicht, wenn ein Verstoß erst nach genauer Prüfung durch einen Vergaberechtsexperten offenbar wurde, wie die o.g. Entscheidung des EuGH verdeutlicht.[18] Eine Rügeverpflichtung besteht im Vergaberecht nach dem GWB deshalb nur bei einer eindeutigen, geklärten Rechtslage.

Für die Vergabe nach dem EnWG vertritt das OLG Karlsruhe eine wesentlich strengere Auffassung. Es hat in seiner Entscheidung vom 27.03.2019 Folgendes ausgeführt:

> „Eine Rügepflicht besteht vielmehr bei allen sich erkennbar aus den Mitteilungen der Gemeinde ergebenden Rechtsverletzungen. Dabei muss für die Frage der Erkennbarkeit der Rechtsverletzung nicht nur ein durchschnittlich fachkundiger Bieter zugrunde gelegt werden, der auf die Ausschreibung der Gemeinden von die Elektrizität- und Gasversorgung betreffenden Wegenutzungsverträge bietet, sondern dieser Bieter muss sich – soweit die Fachkunde im eigenen Unternehmen nicht vorhanden ist – erforderlichenfalls dabei auch fachkundig beraten lassen. Denn nur dann können die beteiligten Unternehmen der vom Gesetzgeber vorgesehenen Pflicht genügen, im laufenden Verfahren aktiv auf die Vermeidung und Ausräumung von Rechtsfehlern hinzuwirken und damit die Qualität und Rechtssicherheit von Verfahren zum Vorteil aller Beteiligten bewirken."[19]

Verlangt werden damit explizit die Kenntnisse eines rechtlich überdurchschnittlich informierten Bieters. Es bestehen erhebliche Zweifel, ob dieser Maßstab haltbar ist und sich durchsetzen kann, insbesondere weil an die Erkennbarkeit in Anbetracht der unionsrechtlichen Anforderungen an einen effektiven Rechtsschutz hohe Anforderungen zu stellen sind. In der

---

17 OLG Düsseldorf, Urteil vom 09.01.20113 – Verg. 26/12, Rn 61.

18 siehe auch Thüringer OLG, Urteil vom 16.09.2013 – 9 Verg. 3/13, Vergaberecht 2014 Seite 38; OLG Frankfurt/Main Vergaberecht 209/86.

19 OLG Karlsruhe Urt. v. 27.3.2019, 16 6 U 113/18 Kart Rn 78.

Richtlinie 2007/66/EG der EU zur Änderung der Richtlinien 89/665 und 92/13 wird in Artikel 2 in der Abänderung von Artikel 1 der Ausgangsrichtlinie festgelegt, dass zwar Nachprüfungsanträge gegen Entscheidungen eines Auftraggebers, die im Rahmen oder im Zusammenhang mit einem Vergabeverfahren ergehen, innerhalb bestimmter Fristen gestellt werden müssen. Generell wird aber ein wirksamer und effektiver Rechtsschutz verlangt. Diesen hat der EuGH in der o.g. Entscheidung konkretisiert.[20] Es ist nicht zu erwarten, dass der EuGH gerade für die Vergabe von Energienetzen von dieser Linie abgehen wird.

Wenn man aber mit der Rechtsprechung zum GWB den Kenntnisstand eines durchschnittlich informierten Bieter verlangt, bleibt das Problem, wie - aus richterlicher Sicht - ein solcher Referenzbieter bestimmt werden kann. Soll man von einem der großen Altnetzbetreiber mit eigener vergabeerfahrenen Rechtsabteilung ausgehen, oder von einem kleinen kommunalen Unternehmen mit nur lokaler Bedeutung, das auf diesem Gebiet über keine eigene Erfahrung verfügt? Im Wettbewerbsrecht ist es ein anerkannter Grundsatz, dass Richter dann aus eigener Fachkunde den sog. Referenzverbraucher bestimmen können, wenn sie selbst angesprochene Verbraucher sind. Sie können in diesem Zusammenhang ihr eigenes Verständnis z. B. von Zahnpasta oder Handywerbung verallgemeinern. Wie muss man sich als Richter aber einen durchschnittlich informierten Energienetzbetreiber vorstellen? Es bleibt abzuwarten, welche Maßstäbe die Rechtsprechung entwickeln wird.

III. Zusammenfassung

Auch 3 Jahre nach Inkrafttreten des § 47 EnWG bleiben viele Fragen ungeklärt, insbesondere der Maßstab der Erkennbarkeit von Rechtsverletzungen. Die Verpflichtung, zur Fristwahrung Rügen im Wege einstweiliger Verfügungen gerichtlich geltend zu machen, hat den Bundesgerichtshof weitgehend aus dem Spiel genommen. Es wäre zu erwägen, auch Hauptsacheklagen zur Fristwahrung gemäß § 47 EnWG zuzulassen, da ohnehin die derzeitige Regelung aufgrund der eingeschränkten Rechtskraft nicht zu prozessual verbindlichen, abschließenden Entscheidungen im einstweiligen Verfügungsverfahren führt.

---

20 vgl. EuGH a.a.O.

Kartell- und zivilrechtliche Probleme der Ausschreibung von Fernwärmenetzen im Spiegel der aktuellen Rechtsprechung

Prof. Dr. Torsten Körber

Wegenutzungsverträge sind immer wieder Streitgegenstand zwischen Energieversorgungsunternehmen und Kommunen. Mit Blick auf die Strom- und Gasnetze herrscht reger Streit über Ausschreibungsverfahren und Ausschreibungsbedingungen für Konzessionsverträge im Anwendungsbereich des § 46 Abs. 2 EnWG. Allerdings regelt das EnWG nur die leitungsgebundene Versorgung der Allgemeinheit mit Elektrizität und Gas. Die Fernwärme fällt aufgrund einer bewussten Entscheidung des Gesetzgebers nicht in den Anwendungsbereich des EnWG. Der Gesetzgeber trägt dadurch Besonderheiten der Fernwärmeerzeugung, insbesondere der Einheit von Erzeugungsanlagen und Netz, Rechnung, die eine Entflechtung in aller Regel ausschließt.[1] § 46 Abs. 2 EnWG ist daher weder direkt noch analog auf

---

1 Dazu *Körber*, in: Körber/Kühling, Ausschreibung von Fernwärmenetzen?, 2016, S. 63, 64 f.; vgl. auch RegE, BR-Drucks 73/16 vom 5.2.2016, wo der Gesetzgeber ausdrücklich an der Beschränkung des EnWG auf Strom und Gas festhielt.

Fernwärmenetze anwendbar.[2] Allerdings lassen sich auch Fernwärmenetze in aller Regel nur aufbauen, wenn dafür öffentliches Straßenland genutzt wird. Selbst wenn die Fernwärmeleitungen überwiegend in Privatgrundstücken, durch Keller etc. verlegt werden, müssen sie jedenfalls ab und zu öffentliches Straßenland queren. Deshalb müssen die Fernwärmeversorgungsunternehmen mit den Kommunen Verträge über die Nutzung öffentlichen Straßenlandes schließen. Bei diesen „Wegenutzungsverträgen" oder „Gestattungsverträgen" handelt es sich im Kern um schlichte Mietverträge, die allerdings teils – etwas irreführend – als „Konzessionsverträge" bezeichnet werden, obwohl mit ihnen keinerlei Konzessionsvergabe verbunden ist.[3] Diese Verträge werden regelmäßig für begrenzte Zeit – etwa für 20 Jahre – geschlossen. Wie im Anwendungsbereich des § 46 Abs. 2 EnWG sind auch im Bereich der Fernwärme in den letzten Jahren zahlreiche dieser Verträge ausgelaufen oder laufen in Kürze aus.

Dies hat bei den Kommunen zu Unsicherheiten über die Frage geführt, ob sie ggf. kartellrechtlich verpflichtet sind, die Fernwärmenetze auszuschreiben, und bisweilen auch Begehrlichkeiten in Bezug auf die Fernwärmenetze geweckt. Die unklare Rechtslage hat zu Streitigkeiten darüber geführt, ob die Kommunen sich die Fernwärmenetze am Ende der Vertragslaufzeit aneignen dürfen, um die Fernwärmeversorgung dann entweder selbst vorzunehmen oder die Fernwärmenetze (wie die Gas- und Stromnetze) auszuschreiben, oder ob die Unternehmen umgekehrt einen Anspruch darauf haben, dass ihr Wegenutzungsrecht verlängert oder ihnen neu eingeräumt wird.

I. VG Berlin (Urteil vom 30. Juni 2017)

Das Verwaltungsgericht Berlin hatte 2017 über eine Klage zu entscheiden, mittels derer das Land Berlin u. a. begehrte, festzustellen, dass Vattenfall verpflichtet sei, Berlin sein Fernwärmenetz samt Vertragskunden zu übertragen, nachdem der als „Konzessionsvertrag" bezeichnete Wegenutzungsvertrag abgelaufen war.[4] Zur Begründung berief sich das Land Berlin *erstens* auf eine sog. „Endschaftsklausel", die die Übernahme von Energieleitungsnetzen durch das Land Berlin nach Vertragsende vorsah, *zweitens* da-

2 So auch BKartA, 2.4.2012, B8-22/12 – *Stadt Hamburg/Vattenfall*, Fallbericht, S. 2.

3 Dazu *Körber*, in: Körber/Kühling, Ausschreibung von Fernwärmenetzen?, 2016, S. 63 f.

4 VG Berlin, 30.6.2017, Az. 4 K 16.15, juris, Rn. 1 ff. = IR 2017, 281 m. krit. Anm. *Boos*.

rauf, dass Vattenfall keinen Anspruch auf einen neuen Vertrag und kein „Ewigkeitsrecht“ auf die Weiternutzung des Berliner Straßenlandes habe, *drittens* darauf, dass eine Übereignungspflicht jedenfalls im Wege ergänzender Vertragsauslegung in den Vertrag hineinzulesen sei, und *viertens* darauf, dass ein Übertragungsanspruch in Bezug auf das Fernwärmenetz auch aus §§ 1004 BGB, 552 Abs. 1 und 997 Abs. 2 BGB folge.[5]

Das VG wies die Klage am 30. Juni 2017 vollumfänglich zurück.[6] Im Vertrag selbst fand das VG keine Grundlage für die vom Land Berlin behaupteten Übertragungsansprüche. Die in der aktuellen Vertragsfassung enthaltene Endschaftsklausel bezog sich nur auf die Stromnetze. Die Nutzung des öffentlichen Straßenlandes für Fernwärmeleitungen wurde zudem in einer separaten Regelung als Sondernutzung geregelt.[7] § 12 Abs. 2 und 3 des Berliner Straßengesetzes gewähren insoweit seit 1999 einen Anspruch auf unbefristete Nutzung. Daher hätte im vorliegenden Fall bei der Vereinbarung zwischen dem Land Berlin und Vattenfall 2006 gar keine Befristung mehr erfolgen dürfen. Die straßenrechtliche Regelung mache, so das VG, gerade deutlich, dass das Land Berlin kein Recht habe, in regelmäßigen Abständen über das Schicksal des Fernwärmenetzes zu entscheiden.[8] Eine Berufung auf den Grundsatz kommunaler Selbstverwaltung in Art. 28 Abs. 2 GG lehnte das VG schon deshalb ab, weil diese Norm keine Rechte gegenüber privaten Unternehmen begründe.[9] Das EU-Dienstleistungskonzessionsrecht sei in Ermangelung einer Dienstleistungskonzession gar nicht anwendbar.[10] Schließlich lasse sich ein Übereignungsanspruch auch nicht zivilrechtlich in den „Konzessionsvertrag“ hineininterpretieren, weil es dafür bereits an einer Regelungslücke fehle.[11] Ein solcher Anspruch lasse sich auch nicht aus anderen Normen des BGB ableiten.

5 VG Berlin, a.a.O. Rn. 18 ff.
6 VG Berlin, Rn. 66 ff.
7 VG Berlin, Rn. 3 ff.
8 VG Berlin, Rn. 109 f.
9 VG Berlin, Rn. 113.
10 VG Berlin, Rn. 123 ff.; dem VG zustimmend Hofmann, jursPR-VergR 11/2017, Anm. Nr. 4; zur Frage der Dienstleistungskonzession auch ausführlich *Kühling* in: Körber/Kühling, Ausschreibung von Fernwärmenetzen?, 2016, S. 9, 34 ff.
11 VG Berlin, Rn. 115 ff.

II. LG Stuttgart (Urteil vom 14. April 2019)

In dem zweiten Verfahren musste das Landgericht Stuttgart 2019 über einen Rechtstreit zwischen der Stadt Stuttgart als Klägerin und dem Energieversorgungsunternehmen EnBW über ein Fernwärmenetz entscheiden. Die Stadt Stuttgart hatte 1994 mit einem städtischen Unternehmen (TWS AG) einen auf 20 Jahre befristeten „Konzessionsvertrag" für das Stuttgarter Fernwärmenetz geschlossen. Der Vertrag enthielt keine Endschaftsklausel. 2003 hatte die Stadt den Geschäftsbetrieb der TWS an EnBW verkauft. Die Stadt Stuttgart wollte die Fernwärmeversorgung nunmehr wieder selbst übernehmen – oder, falls dies kartellrechtlich geboten sei, ausschreiben – und verklagte EnBW zu diesem Zweck auf Übereignung des Fernwärmenetzes.[12] EnBW beantragte Klageabweisung sowie – mit einer Widerklage – die Feststellung, dass die Stadt Stuttgart kartellrechtlich verpflichtet sei, EnBW einen Wegenutzungsvertrag anzubieten.[13]

Die Stadt Stuttgart meinte, aus dem Kartellrecht lasse sich kein solcher Anspruch ableiten; es gebe kein „ewiges Wegerecht", durch das EnBW faktisch zu einem „Transport-Monopolisten für Fernwärme" werde. Im Gegenteil sei die Stadt Stuttgart befugt, das Fernwärmenetz der EnBW auszuschreiben. Dies ergebe sich schon daraus, dass Stuttgart nach Auslaufen des Vertrages nach § 1004 Abs. 1 BGB eine Beseitigung der Netzanlagen aus ihren Grundstücken verlangen könne. Schließlich erhalte die Beklagte einen angemessenen Kaufpreis für ihr Fernwärmenetz. Das von der Beklagten beanspruchte ewige Wegenutzungsrecht würde jede Einflussnahme der Klägerin auf das bestehende Fernwärmenetz in Stuttgart ausschließen. Eine solche Beschränkung stünde im Widerspruch zu der Gewährleistungsverantwortung der Gemeinden für die örtliche Infrastruktur und die Versorgung der Bürger mit essentiellen Gütern. Die Möglichkeit, diese Verantwortung wahrzunehmen, gehöre zu dem durch Art. 28 Abs. 2 GG geschützten Wirkungskreis der Kommunen. Schließlich fördere eine Entflechtung von Netz und Vertrieb den Wettbewerb.[14]

Das LG Stuttgart wies die Klage am 19. Februar 2019 ab und gab der Widerklage statt. Das Landgericht betont zunächst, dass die Stadt Stuttgart keinen vertraglichen Anspruch auf Übereignung des Fernwärmenetzes habe. Es fehle bereits an einer Regelungslücke im sog. „Konzessionsvertrag".[15]

12 LG Stuttgart, 14.2.2019, 11 O 225/16, juris, Rn. 1 ff. = RdE 2019, 254.

13 LG Stuttgart, Rn. 38.

14 LG Stuttgart, Rn. 12 ff.

15 LG Stuttgart, Rn. 69 ff.

Eine Endschaftsregelung könne nicht im Wege der ergänzenden Vertragsauslegung in den Vertrag hineininterpretiert werden, denn die richterliche Vertragsergänzung dürfe nicht zu einer Erweiterung des Vertragsgegenstandes führen.[16] Zudem sei nicht davon auszugehen, dass sich die Parteien – wenn sie an diese Situation gedacht hätten – nach Treu und Glauben auf eine Regelung geeinigt hätten, die im Wesentlichen den Interessen einer Partei – nämlich der Stadt Stuttgart – entspreche.[17] Die Stadt Stuttgart habe schließlich auch keineswegs das Recht, mit Ablauf des Vertrages eine Entfernung der Fernwärmeleitungen nach § 1004 Abs. 1 BGB zu verlangen, weil sie kartellrechtlich nach §§ 19 Abs. 2 Nr. 1, Nr. 4, 33 Abs. 1, Abs. 3 GWB verpflichtet sei, EnBW ein erneutes Wegenutzungsrecht einzuräumen.[18]

III. Rechtliche Bewertung

Die Entscheidungen des Verwaltungsgerichts Berlin und des Landgerichts Stuttgart markieren wichtige Klarstellungen. Sie sind in Ergebnis und Begründung überzeugend. Das Straßenrecht soll an dieser Stelle nicht weiter beleuchtet werden, denn unabhängig davon, ob sich ein Anspruch auch aus dem Landesstraßenrecht ergibt, ergibt er sich jedenfalls aus dem bundesweit geltenden Kartellrecht, und könnte daher nicht landesrechtlich abbedungen werden. Stattdessen sollen vier kartell- bzw. allgemein-zivilrechtliche Aspekte beleuchtet werden: Kartellrechtlich steht im Mittelpunkt, ob die Gemeinden zur Einräumung von Wegenutzungsrechten nach Kartellrecht verpflichtet sind (I.) oder ob umgekehrt ein Ausschreibungsrecht oder sogar eine Ausschreibungspflicht der Gemeinden nach Kartellrecht besteht (II.). Im Schnittfeld zum allgemeinen Zivilrecht sind die Fragen aufgeworfen, ob sich ein Aneignungsrecht der Gemeinden aus einer Endschaftsklausel ableiten lässt (III.) und ob ein solches Aneignungsrecht der Gemeinden bei Fehlen einer Endschaftsklausel aus anderen Normen oder im Wege ergänzender Vertragsauslegung begründet werden kann (IV.).

---

16 LG Stuttgart, Rn. 78.
17 LG Stuttgart, Rn. 90.
18 LG Stuttgart, Rn. 140 ff.

1. *Pflicht der Gemeinden zur Einräumung von Wegenutzungsrechten nach Kartellrecht*

Kartellrechtliche Grundlagen für einen Anspruch auf Einräumung von Wegenutzungsrechten sind §§ 19 und 33 GWB. § 19 Abs. 2 Nr. 1 und Nr. 4 GWB verbietet marktbeherrschenden Unternehmen eine unbillige Behinderung oder Diskriminierung anderer Unternehmen. § 33 Abs. 1 GWB gibt diesen anderen Unternehmen einen korrespondierenden Anspruch. Die Kommunen handeln beim Abschluss von Wegenutzungsverträgen nach ständiger Rechtsprechung als Unternehmen i. S. d. Kartellrechts.[19] Der sachlich relevante Markt ist der Markt für die Einräumung von Wegenutzungsrechten an öffentlichem Straßengrund. Räumlich umfasst dieser Markt das Gebiet der jeweiligen Gemeinde. Die Kommunen verfügen auf diesem Markt über eine beherrschende Stellung im Sinne eines Wegemonopols, weil nur sie befugt sind, Wegenutzungsrechte zu gewähren. Diese Einschätzung hat sich auch der BGH in mittlerweile ständiger Rechtsprechung zu Eigen gemacht.[20] Dass die Kommunen jedenfalls Adressaten der kartellrechtlichen Missbrauchsverbote sind, ist daher heute unstreitig.[21] Aus der kartellrechtlichen Pflicht, andere Unternehmen nicht unbillig in ihren Wettbewerbsmöglichkeiten zu behindern und sie auch nicht untereinander oder im Verhältnis zu kommunalen Unternehmen zu diskriminieren, folgen verschiedene Pflichten der Gemeinde:

Wurde bereits einem anderen Fernwärmeversorgungsunternehmen ein Wegenutzungsrecht eingeräumt, so muss die Gemeinde nach §§ 19 Abs. 2 Nr. 1, 33 Abs. 1 GWB das gleiche Recht auch jedem anderen FVU zu angemessenen, diskriminierungsfreien Bedingungen einräumen und kann es nur aufgrund besonderer, sachlicher Rechtfertigungsgründe verweigern.[22]

Aber auch gegenüber dem Unternehmen, das als erstes ein Wegenutzungsrecht begehrt, ist die Gemeinde in ihrer Entscheidung nicht frei. Ohne ein Wegenutzungsrecht ist es FVU unmöglich, Fernwärmeleitungen zu

---

19 Z. B. BGH, 17.12.2013, KZR 66/12, NVwZ 2014, 807 – *Stromnetz Berkenthin* mit Verweis auf BGH, 15.4.1986, KVR 6/85, WuW/E BGH 2247, 2249 – *Wegenutzungsrecht* und BGH, 11.3.1997, KZR 2/96, RdE 1997, 197 – *Erdgasdurchgangsleitung*; s. auch § 185 Abs. 1 S. 1 GWB.

20 BGH, 6.11.2012, KVR 54/11, NVwZ-RR 2013, 604 Tz. 17 – *Gasversorgung Ahrensburg* mit Verweis auf BGH, 11.11.2008, KZR 43/07, NVwZ-RR 2009, 596 Tz. 15 ff. – *Neue Trift*.

21 S. neben den in Fn. 19 und 20 zitierten BGH-Entscheidungen insbesondere *Haellmigk/Wippich*, RdE 2011, 248, 250 ff.

22 Dazu *Körber* in: Körber/Kühling, Ausschreibung von Fernwärmenetzen?, 2016, S. 63, 68 f.; *ders.*, EWeRK 2016, 155.

verlegen und diese zur Versorgung ihrer Kunden zu nutzen. Ein FVU, dem ein Wegenutzungsrecht verweigert wird, wird dadurch mithin offensichtlich in seinen Wettbewerbschancen beeinträchtigt. Eine solche Behinderung ist durch § 19 Abs. 2 Nr. 1 GWB ebenfalls verboten, sofern die Verweigerung „unbillig" ist. Die Frage, wann eine solche Unbilligkeit anzunehmen ist, ist mit Blick auf den Zugang zu wesentlichen Einrichtungen präziser in § 19 Abs. 2 Nr. 4 GWB geregelt.[23]

Das öffentliche Straßenland ist eine wesentliche, nicht duplizierbare Einrichtung im Sinne dieser Norm, weil seine Nutzung für die Verlegung von Fernwärmenetzen unverzichtbar ist. Die Gemeinde darf daher ein Wegerecht nur verweigern, wenn sie nachweist, dass die Wegenutzung durch das konkrete FVU nicht möglich oder der Gemeinde nicht zumutbar ist. Eine Unmöglichkeit oder Unzumutbarkeit lässt sich in Bezug auf die Einräumung von einfachen Wegenutzungsrechten in der Praxis kaum begründen: Hinreichender Platz ist – wenn nicht neben so doch jedenfalls unter bereits verlegten Leitungen – stets vorhanden. Engstellen können regelmäßig durch eine alternative Trassenführung umgangen werden.[24] Es ist zwar richtig, dass es in der Regel ökonomisch nicht sinnvoll ist, parallele konkurrierende Fernwärmenetze in einem Gemeindegebiet zu betreiben. Doch ist es nicht Sache der Gemeinde, über die ökonomische Sinnhaftigkeit einer Verlegung weiterer Leitungen zu entscheiden. Das ist Sache der Unternehmen, die auch das wirtschaftliche Risiko tragen.[25]

Die Einräumung von Wegenutzungsrechten darf auch nicht als Instrument der Energiepolitik oder Mittel der Verfolgung *eigener* wirtschaftlicher Interessen der Gemeinden eingesetzt werden. Die Gemeinde kann sich zur Rechtfertigung einer Wegerechtsverweigerung insbesondere nicht darauf berufen, dass sie bereits einem anderen Unternehmen das exklusive Recht zur Verlegung von Leitungen für das betreffende Gebiet eingeräumt habe, denn eine solche ausschließliche Wegerechtseinräumung ist kartellrechtlich unzulässig und wäre wegen Verstoßes gegen die gesetzlichen Verbote der §§ 1 und 19 GWB i. V. m. § 134 BGB nichtig.[26] Genauso wenig ist es Sache der Gemeinde, über die „Fernwärmewürdigkeit" bestimmter Gebie-

---

23 Dazu *Körber* in: Körber/Kühling, Ausschreibung von Fernwärmenetzen?, 2016, S. 63, 69 ff.; *ders.*, EWeRK 2016, 155.

24 Vgl. *Reidt*, RdE 2012, 265, 271; *Körber*, EWeRK 2016, 155, 156.

25 So auch schon *Körber*, EWeRK 2016, 155, 156.

26 Vgl. *Büdenbender*, FS Kühne, 2011, S. 101, 106 (zu Konzessionsverträgen); *Haellmigk/Wippich*, RdE 2011, 248, 249 und *Fricke*, in: Hempel/Franke, Recht der Energie- und Wasserversorgung, 121. Lieferung 2015, § 8 AVBFernwärmeV Rn. 81 (für Fernwärme-Gestattungsverträge).

te zu entscheiden, z. B. zum Schutz eines kommunalen Gasversorgungsunternehmens vor Wettbewerb.[27]

Die Gemeinde genießt insoweit in Bezug auf sich selbst und ihre Unternehmen keine Privilegien. Im Gegenteil unterliegt sie kartellrechtlich sogar besonders strengen Bindungen, wie der BGH in der Entscheidung *Kommunaler Schilderprägerbetrieb* unterstrichen hat.[28] Jedes FVU hat daher nach §§ 19 und 33 GWB einen Anspruch auf (Wieder-) Abschluss eines einfachen Wegenutzungsvertrages zu angemessenen, diskriminierungsfreien Bedingungen.

Daran ändert sich auch nichts, wenn der ausgelaufene Wegenutzungsvertrag eine Endschaftsklausel enthält, denn solche Klauseln regeln nur die Frage, was mit dem Fernwärmenetz geschehen soll, *falls* ein Wegenutzungsvertrag ausläuft. Sie regelt nicht das „Ob" des Wegenutzungsrechts. Die Geltung des Kartellrechts kann nicht vertraglich abbedungen werden. Das Kartellrecht steht als zwingendes Bundesrecht nicht zur Disposition privater Parteien oder der Kommunen.

2. *Ausschreibungsrecht oder sogar Ausschreibungspflicht der Gemeinden nach Kartellrecht?*

Den vorstehenden kartellrechtlichen Wertungen wird in der Literatur entgegengehalten, aus dem Kartellrecht lasse sich kein „ewiges Wegenutzungsrecht" ableiten, vielmehr folge daraus im Gegenteil eine Pflicht der Gemeinde, die Wegenutzungsrechte periodisch neu auszuschreiben.[29] Ausgangspunkt dieser Überlegungen ist insbesondere die Feststellung, dass es sich für konkurrierende Unternehmen schlichtweg nicht lohne, ein zweites Fernwärmenetz zu errichten. Das erste FVU sei daher ein faktischer bzw. natürlicher Monopolist.[30] Das ähnele der Situation des § 46 Abs. 2 EnWG. Eine Pflicht zur regelmäßigen Ausschreibung der Fernwärmenetze folge aus § 19 GWB.[31]

Dass es in besonderen Situationen gegen § 19 GWB verstoßen kann, knappe Güter nicht auszuschreiben, ist im Ausgangspunkt richtig. Der

27 Ebenso zu Recht *Haellmigk/Wippich*, RdE 2011, 248, 251 f. und 253 f.

28 BGH, 24.9.2002, KZR 4/01, NJW 2003, 752, 754 – *Kommunaler Schilderprägerbetrieb*.

29 So etwa *Riedel/Albrecht*, EWeRK 2016, 190, 192 ff.; *Sauer*, IR 2018, 4, 6 ff.; *Boos*, IR 2017, 282 f.

30 *Riedel/Albrecht*, EWeRK 2016, 190, 192 ff.; *Sauer*, IR 2018, 4, 6 ff.

31 *Sauer*, IR 2018, 4, 5.

BGH hat die Kommunen in seiner sog. „*Schilderprägerrechtsprechung*" nach § 19 GWB für verpflichtet gehalten, knappe, im kommunalen Eigentum stehende Mieträume für Schildprägebetriebe in der Nähe der Kfz-Zulassungsstellen, regelmäßig diskriminierungsfrei und transparent auszuschreiben, damit ggf. wechselnde Mieter von diesem überaus lukrativen Geschäft profitieren können.[32]

Allerdings lässt sich diese Rechtsprechung schon deshalb nicht auf die Wegenutzungsrechte übertragen, weil es an der für die *Schilderpräger*-Fälle gerade ausschlaggebenden Knappheitssituation fehlt. Dem bisherigen Betreiber des Fernwärmenetzes muss das Wegenutzungsrecht nicht genommen werden, um es dem neuen Interessenten zu geben. Außerdem hat der BGH in den *Schilderpräger*-Fällen eine Ausschreibungspflicht nur für die Mietverträge verlangt. Er hat den Kommunen nicht das Recht eingeräumt, bei Auslaufen des Mietvertrags auch die Geschäftsbetriebe und Kunden der Mieter zu übernehmen. Die Vorstellung, ein Vermieter könnte Büroeinrichtung und Mandanten eines Anwalts übernehmen und meistbietend versteigern, nur weil dessen Mietvertrag für die Anwaltspraxis ausgelaufen ist, wäre offensichtlich absurd. Nichts Anderes gilt für die Fernwärmenetze, Erzeugungsanlagen und Kunden.[33]

Diese kartellrechtliche Wertung entspricht im Übrigen auch derjenigen nach dem EnWG: Wäre das EnWG auf den Fernwärmesektor anwendbar, so wäre für die Mietverträge über Fernwärmeleitungen nicht etwa § 46 Abs. 2 EnWG einschlägig, sondern § 46 Abs. 1 EnWG, weil für die Errichtung von Fernwärmenetzen nur einfache Wegenutzungsrechte eingeräumt werden.[34] § 46 Abs. 1 EnWG normiert aber gerade keine Ausschreibungspflicht, sondern unterwirft die Gemeinden einem Kontrahierungszwang mit jedermann. Genau das Gleiche gilt, wie wir gesehen haben, auch für § 19 GWB.

Wenn in diesem Zusammenhang behauptet wird, eine regelmäßige Ausschreibung des Netzes oder eine Trennung von Netz und Erzeugung sei erforderlich, um überhaupt Wettbewerb zu ermöglichen,[35] ist das ebenfalls bereits *de facto* falsch. Ein „Wettbewerb *um* das Netz" ist schon deshalb nicht erforderlich, weil die Fernwärme im Systemwettbewerb mit einer

32 BGH, 24.9.2002, KZR 4/01, NJW 2003, 752 ff. – *Kommunaler Schilderprägerbetrieb*; dazu auch *Körber*, EWeRK 2016, 155, 157.

33 So auch *Müller/Viole*, Versorgungswirtschaft 2019, 133, 137.

34 Dazu *Körber* in: Körber/Kühling, Ausschreibung von Fernwärmenetzen?, 2016, S. 63, 92; s. auch *Müller/Viole*, Versorgungswirtschaft 2019, 133, 135.

35 Vgl. etwa die Argumentation der Stadt Stuttgart vor dem LG Stuttgart, 14.2.2019, 11 O 225/16, juris, Rn. 17.

Vielzahl anderer Wärmeenergieträger steht. Eine Entflechtung wäre zudem – anders als bei den Strom- und Gasnetzen – mit erheblichen Problemen und volkswirtschaftlichen Verlusten verbunden, weil bei der Fernwärme Erzeugung und Netz als Einheit konzipiert werden. Es gibt (anders als beim Strom) keine „Kupferplatte", über die überschüssige Wärme in andere Netze abgegeben oder fehlende Wärme aus anderen Netzen bezogen werden könnte.[36] Eine Ausschreibung der Fernwärmenetze würde zudem nicht das mutmaßliche „natürliche Monopol" beseitigen, sondern lediglich das natürliche Monopol eines FVU durch ein natürliches Monopol eines anderen FVU ersetzen.

Dass das erste FVU, das in einem Gebiet ein Fernwärmenetz ausbaut, Vorteile hat, wenn es damit erfolgreich ist, ist richtig. Aber das ist ein wettbewerblich legitimer „first mover advantage", der nicht auf einer Sonderbehandlung seitens der Gemeinde basiert.[37] Das Unternehmen hat Investitionsrisiken auf sich genommen und sich dadurch seinen Vorsprung im Wettbewerb verdient.

Wenn die Gemeinden sich zu Hütern des Wettbewerbs erklären, ist das auch de iure falsch. Denn die Gemeinden sind nicht für den Schutz oder gar für die „Durchführung" des Wettbewerbs zuständig. Der Wettbewerb reguliert sich grundsätzlich selbst. Das Kartellrecht setzt dafür nur die „Leitplanken". Das Kartellrecht wird zudem durch den Bund bzw. die EU gesetzt und es wird durch das Bundeskartellamt und durch die Landeskartellbehörden durchgesetzt. Selbstverständlich sind die Kommunen daher auch *nicht* befugt, sich allein aufgrund ordnungspolitischer Zweckmäßigkeitserwägungen an die Stelle des Gesetzgebers zu setzen und eine Ausschreibung „contra legem" allein deshalb vorzunehmen, weil ihr Wettbewerbsverständnis von dem des Bundes abweicht. Über die Frage, ob wir einen „Wettbewerb *um* die Fernwärmenetze" brauchen, hat allein der Bund zu entscheiden. Und der Bund hat entschieden, *keine* dem § 46 Abs. 2 EnWG entsprechende Regelung für die Fernwärme zu erlassen.

Eine Legitimation zur Ausschreibung von Fernwärmenetzen lässt sich schließlich auch nicht aus Art. 28 Abs. 2 GG oder aus einer Pflicht der Ge-

36 Dazu *Körber*, Drittzugang zu Fernwärmenetzen, 2. Aufl. 2015, S. 14 ff.

37 So zu Recht auch *Reidt*, RdE 2012, 265, 272; *Körber*, EWeRK 2016, 155, 157; a. A. *Sauer*, IR 2018, 4, 7, der meint eine „Sonderbehandlung" resultierte bereits aus der Einräumung des Wegenutzungsrechts, dabei aber verkennt, dass es sich eben nicht um eine besondere (positiv diskriminierende) Behandlung handelt, sondern um die Erfüllung einer staatlichen Pflicht, die genauso gegenüber jedem anderen Unternehmen bestehen würde.

meinden zur „Daseinsvorsorge" ableiten.[38] Art. 28 Abs. 2 GG schützt die Kompetenzen der Gemeinden im Verhältnis zu Land und Bund (also „nach oben"). Art. 28 Abs. 2 GG weist den Kommunen keine Eingriffsbefugnisse „nach unten" gegenüber Bürgern oder Unternehmen zu.[39] Auch der schillernde Begriff der „Daseinsvorsorge" ist hier fehl am Platze. Die Gemeinden sind nicht dazu verpflichtet, ihre Bürger *gerade mit Fernwärme* zu versorgen. Sie müssten allenfalls einschreiten, wenn die Wärmeversorgung der Bürger als solche gefährdet wäre. Davon kann aber nicht die Rede sein, denn die Bürger haben eine Vielzahl anderer Heizmöglichkeiten, und Fernwärme ist mit einem Marktanteil von knapp 14 % eher Ausnahme als Regel.[40]

In der Summe ist festzuhalten, dass die Gemeinden weder aus dem Kartellrecht noch anderen gesetzlichen Normen verpflichtet oder auch nur berechtigt sind, private Fernwärmenetze oder Kundenbeziehungen bei Auslaufen der Wegenutzungsverträge auszuschreiben.

3. *Aneignungsrechte der Gemeinden aus einer Endschaftsklausel?*

Oftmals enthalten Wegenutzungsverträge neben einer Befristung auch sog. Endschaftsklauseln oder auch „Heimfallklauseln", in denen vorgesehen ist, dass das Fernwärmenetz nach Ablauf des Wegenutzungsrechts an die Gemeinde zu einem angemessenen Preis zu übereignen oder in anderer Weise (z. B. im Wege der Pacht) zu überlassen ist.

Endschaftsklauseln sind regelmäßig in der Weise formuliert, dass sie nur zum Zuge kommen, wenn kein neuer Wegenutzungsvertrag geschlossen wird.[41] Da die Kommunen kartellrechtlich grds. verpflichtet sind, einen ausgelaufenen Vertrag zu verlängern bzw. zu erneuern, kommt dies nur in zwei Fällen in Betracht: *erstens*, wenn das Fernwärmeversorgungsunterneh-

---

38 Hierzu auch *Leisner-Egensperger*, NVwZ 2013, 1110, 1113 f.

39 *VG Berlin*, a. a. O. (Fn. 4.), Rn. 113; aus der Literatur statt vieler nur BeckOK GG/*Hellermann* GG Art. 28 Rn. 33.4 m. w. N.

40 Insoweit abweichend *Riedel/Albrecht*, EWeRK 2016, 190, 194, die meinen, die Gemeinden treffen insoweit eine „Gewährleistungsverantwortung". In die gleiche Richtung gehend *Sauer*, IR 2018, 4, 6 Fn. 18. Solange die Bürger sich über andere Wärmeenergieträger selbst versorgen können und kein ABZ besteht, geht diese Annahme aber ebenso fehl wie es die Annahme „Gewährleistungsverantwortung" der Gemeinde für die Versorgung der Bürger mit Lebensmitteln oder Kleidung geben würde.

41 Vgl. *Haellmigk/Wippich*, RdE 2011, 248, 249.

men die Versorgung aufgeben will[42] und daher keine Vertragsverlängerung beantragt oder *zweitens*, wenn die Gemeinde den Vertrag nicht verlängern muss.[43] Da die Gemeinde grundsätzlich aber zu einer Vertragsverlängerung verpflichtet ist, kommt der letztgenannte Fall nur ganz ausnahmsweise in Betracht, z. B. wenn sich das Fernwärmeversorgungsunternehmen (FVU) als unzuverlässig erwiesen hat oder insolvent ist. Die Endschaftsklausel selbst gibt der Gemeinde kein Vertragslösungsrecht. Sie setzt eine Vertragsauflösung voraus.[44] Wenn der Vertrag in einem solchen Fall – in der Regel einvernehmlich – nicht fortgesetzt wird, dient die Endschaftsklausel sowohl den Interessen der Kommune als auch denjenigen des FVU: Das FVU muss das Fernwärmenetz nicht kostenpflichtig entfernen. Die Gemeinde bzw. der neue Betreiber spart Kosten gegenüber einem Neubau. Das ist auch volkswirtschaftlich sinnvoll, weil sie den Wert des bestehenden Fernwärmenetzes erhält.

Denkbar ist aber auch der Fall, dass eine Endschaftsklausel der Gemeinde das Recht einräumt, das Fernwärmenetz nach Ablauf des Vertrags auch gegen den Willen des FVU an sich zu ziehen und ggf. auszuschreiben. In diesem Fall stellt sich die Frage, ob das FVU aus dem Vertrag zivilrechtlich zur Übereignung seines Netzes verpflichtet ist oder ob es auch in diesem Fall einen kartellrechtlichen Anspruch auf Vertragsverlängerung hat. Auf den ersten Blick könnte man argumentieren, das FVU lasse sich bewusst auf die Endschaftsklausel ein und es könne sich auf die Pflicht zur Herausgabe nach Ablauf des Wegenutzungsvertrages einstellen.

Diese Argumentation übersieht allerdings, *erstens*, dass die Gemeinde, wie oben festgestellt wurde, aufgrund zwingenden Kartellrechts zur Wiedereinräumung des Wegenutzungsrechts verpflichtet ist, und *zweitens*, dass die Gemeinde auch bei Abschluss des Wegenutzungsvertrags als marktbeherrschendes Unternehmen i. S. d. Kartellrechts handelte. Wenn aber ein marktbeherrschendes Unternehmen Konditionen durchsetzt, auf die sich der Vertragspartner bei freiem Wettbewerb nicht einlassen würde, liegt ein nach § 19 Abs. 2 Nr. 2 GWB verbotener Konditionenmissbrauch vor.[45] Vorliegend erscheint es nicht kaufmännisch vernünftig, sich zu verpflichten, das Fernwärmenetz am Vertragsende zu übereignen, obwohl ein kartell-

42 Das könnte z. B. relevant werden, wenn eine Gemeinde oder der Bund vom FVU verlangen, statt Kohle erneuerbare Energien einzusetzen und sich die dafür notwendigen Investitionen nicht finanzieren oder amortisieren lassen.

43 Dazu *Körber*, in: FS-Büdenbender, 2018, S. 385, 397.

44 *Körber*, EWeRK 2016, 155, 159.

45 *Körber*, in: FS-Büdenbender, 2018, S. 385, 398 f.; *Müller/Viole*, Versorgungswirtschaft 2019, 133, 138.

rechtlicher Anspruch auf Verlängerung bzw. Erneuerung des Vertrags besteht. Eine derart weitreichende Endschaftsklausel wäre daher wegen Verstoßes gegen § 19 GWB nach § 134 BGB nichtig.[46]

4. *Aneignungsrecht der Gemeinde bei Fehlen einer wirksamen Endschaftsklausel*

Schließlich ist die Frage aufgeworfen, wie der Fall zu beurteilen ist, wenn – wie in den beiden eingangs beschriebenen Verfahren[47] – gar keine Endschaftsklausel vorhanden ist oder wenn die im Vertrag enthaltene Endschaftsklausel – z. B. weil sie kartellrechtswidrig ist – nichtig ist.

Das OLG Frankfurt am Main hat 1997 aus dem Rechtsgedanken der §§ 552 Abs. 1, 997 Abs. 2 BGB einen Anspruch einer Gemeinde auf Übernahme eines örtlichen Stromversorgungsnetzes abgeleitet. Dieser Entscheidung lag ein Sachverhalt zugrunde, in dem die ausgelaufenen Stromkonzessionsverträge keine Endschaftsklauseln enthielten.[48]

§ 552 Abs. 1 bzw. § 997 Abs. 2 BGB liegt der Gedanke zugrunde, eine sowohl für die Vertragspartner als auch volkswirtschaftlich sinnlose Zerstörung wirtschaftlicher Werte zu vermeiden, indem an sich bestehende Wegnahmerechte (des Vermieters bzw. des Besitzers einer Sache) durch Zahlung eines angemessenen Geldbetrags abgewendet werden können. Diesen Rechtsgedanken hat das OLG Frankfurt am Main auf das Stromnetz übertragen.[49] Er kann jedoch nicht auf Fernwärmenetze übertragen werden. In dem vom OLG Frankfurt am Main entschiedenen Fall stand fest, dass die Netze ausgeschrieben werden mussten. Einschlägig war der damalige § 103a GWB (heute § 46 Abs. 2 EnWG). In einem solchen Fall liegt es auf der Hand, dass die Wegnahme der Stromleitungen durch den alten und ihr Neubau durch den neuen Konzessionär volkswirtschaftlich unsinnig wäre. In den Fernwärme-Fällen geht es aber gerade nicht um die Frage, ob die Gemeinde eine Wegnahme des Netzes durch das FVU durch eine Ausgleichszahlung abwenden darf, wenn sie aus anderer Norm verpflichtet ist,

---

46 Ebenso *Fricke*, RdE 2009, 380, 381; *ders.*, in: Hempel/Franke (Hrsg.): Recht der Energie- und Wasserversorgung, 121. Lieferung 2015, § 8 AVBFernwärmeV Rn. 83.

47 Zu dieser Situation auch eingehend *Riedel/Albrecht*, EWeRK 2016, 190, 195 ff., die allerdings zu Unrecht davon ausgehen, dass kein Anspruch auf eine Verlängerung eines ausgelaufenen Wegenutzungsvertrags bzw. Sondernutzungsrechts besteht.

48 *OLG Frankfurt a. M.*, 11.2.1997, 11 U (Kart) 38/96, NJWE-WettbR 1997, 135 (die Regelung des § 552 Abs. 1 BGB war damals in § 547a Abs. 2 BGB normiert); dazu auch *Körber*, in: FS-Büdenbender, 2018, S. 385, 399 f.

49 *OLG Frankfurt a. M.*, S. 137.

das Netz auszuschreiben, sondern im Gegenteil um die Frage, ob die Gemeinde dem FVU sein Netz gegen seinen Willen wegnehmen darf, obwohl sie weder berechtigt noch verpflichtet ist, das Netz auszuschreiben.

Ein Aneignungsrecht der Gemeinde lässt sich auch nicht aus § 1004 Abs. 1 BGB ableiten. Die Behauptung, die Gemeinde müsse als Eigentümerin der Grundstücke die verlegten Fernwärmeleitungen nach § 1004 Abs. 1 BGB nach Auslaufen des Wegenutzungsvertrags nicht mehr dulden,[50] greift zu kurz, denn die Gemeinde ist – wie auch das LG Stuttgart zu Recht betont – zur Duldung der Leitungen verpflichtet, weil ein Anspruch des FVU auf Weiternutzung besteht. Einer Berufung auf § 1004 Abs. 1 BGB würde vor diesem Hintergrund der Arglisteinwand (*dolo agit, qui petit, quod statim redditurus est*) entgegenstehen.[51]

Entsprechendes gilt schließlich auch mit Blick auf eine ergänzende Vertragsauslegung. Ein Bedarf nach einer solchen ergänzenden Vertragsauslegung besteht nur dann, wenn das FVU von sich aus auf die Fortführung der Fernwärmeversorgung verzichten möchte oder wenn die Gemeinde ausnahmsweise (z. B. wegen Unzuverlässigkeit des FVU) eine Fortsetzung der Wegenutzung verweigern darf. Nur in diesem Fall besteht ein *beiderseitiges* Interesse daran, im Wege der ergänzenden Vertragsauslegung ein Recht der Gemeinde auf Übernahme des Fernwärmenetzes zu einem angemessenen Preis in den Vertrag hineinzulesen.[52]

5. Fazit

Die FVU haben nach Auslaufen der Wegenutzungsverträge in aller Regel einen Anspruch auf Wiedereinräumung des Nutzungsrechts aus §§ 19, 33 GWB (und ggf. aus straßenrechtlichen Normen). Die Kommunen verfügen demgegenüber über kein gesetzliches Recht und sind erst recht nicht kartellrechtlich verpflichtet, Fernwärmenetze regelmäßig auszuschreiben.

---

50 Dies würde aber nicht nur im Widerspruch zum Rechtsgedanken anderer (auf Werterhaltung gerichteter) Normen wie §§ 552, 997 Abs. 2 BGB stehen, sondern auch nicht im Interesse der Vertragsparteien liegen. Da die Ausbaukosten den Wert der Fernwärmenetze vollständig aufzehren würden, seien eine Übereignung an die Gemeinde und ein Wertausgleich analog § 951 BGB durch die Gemeinde sinnvoll, so *Riedel/Albrecht*, EWeRK 2016, 190, 197.

51 So auch *Haellmigk/Wippich*, RdE 2011, 248, 249 Fn. 10; *Körber*, in: FS-Büdenbender, 2018, S. 385, 401.

52 Dazu LG Stuttgart, 14.2.2019, 11 O 225/16, juris, Rn. 71 ff.; dazu auch *Körber*, in: FS-Büdenbender, 2018, S. 385, 401.

Ein Aneignungs- und/oder Ausschreibungsrecht gegen den Willen des FVU lässt sich auch nicht aus einer Endschaftsklausel ableiten oder im Wege ergänzender Vertragsauslegung begründen. Endschaftsklauseln sollen (und dürfen kartellrechtlich) nur für den Fall Vorsorge treffen, dass das FUV die Fernwärmeversorgung nicht fortsetzen will oder die Fortsetzung der Kommune ausnahmsweise unzumutbar ist.

IV. Ausblick

Kurz vor Drucklegung dieses Tagungsbandes hat das OLG Stuttgart in einem Urteil vom 26. März 2020 über die Berufung gegen das Urteil des LG Stuttgart judiziert.[53] Das Oberlandesgericht entschied, dass die Stadt Stuttgart weder Eigentümerin des Fernwärmenetzes nach § 946 BGB geworden sei, noch einen Anspruch auf Übereignung des Fernwärmenetzes seitens EnBW habe. Insoweit bestätigte das OLG die Entscheidung der Vorinstanz. Allerdings war das OLG anders als diese der Auffassung, die Stadt Stuttgart könne – unbeschadet einer Einigung mit EnBW über eine Übereignung oder Verpachtung des Netzes – gemäß § 1004 Abs. 1 BGB die Entfernung des Netzes verlangen, denn umgekehrt habe EnBW keinen kartellrechtlichen Anspruch auf Wiedereinräumung eines Wegenutzungsrechts. Das OLG hat keine Revision zum BGH zugelassen, doch haben beide Parteien Nichtzulassungsbeschwerde erhoben. Angesichts der grundsätzlichen Bedeutung der behandelten Rechtsfragen ist zu hoffen, dass der BGH dem stattgeben und letztlich in der Sache entscheiden wird. Das in zivilrechtlicher Hinsicht überzeugende, aber kartellrechtlich höchst zweifelhafte Urteil des OLG Stuttgart wird ausführlich an anderer Stelle zu würdigen sein. Das Thema „Kartell- und zivilrechtliche Probleme der Ausschreibung von Fernwärmenetzen“ bleibt spannend.

53 OLG Stuttgart, 26.3.2020, 2 U 82/19 NZKart 2020, 258 – *Fernwärmenetz Stuttgart.*

Ausschreibung von Verteilernetzen als Herausforderung an die Kommunen

Matthias Pöhl[1]

I. Einleitung

Die Vergabe von Wegenutzungsrechten für den Betrieb von Strom- und Gasverteilnetzen obliegt seit jeher den Gemeinden. Den aktuellen Rechtsrahmen liefern §§ 46 und 47 EnWG.

Die Gemeinden nehmen bei der Vergabe von Wegenutzungsrechten nach §§ 46 ff. EnWG ihren Auftrag der öffentlichen Daseinsvorsorge wahr. Es gilt der Grundsatz der kommunalen Selbstverwaltung, Art. 28 Abs. 2 Satz 2 GG. Daher steht den Gemeinden grundsätzlich ein weiter Spielraum zu, der vom Gesetzgeber und von den Gerichten auch regelmäßig betont wird. Doch die kommunale Selbstverwaltung findet ihre Grenzen in den gesetzlichen Vorgaben – hier insbesondere in denen des EnWG.

Seit der Grundsatzentscheidung des BGH in Sachen *Stromnetz Berkenthin* vom 17.12.2013 gab es viele land- und oberlandesgerichtliche Entscheidungen, mit denen Anforderungen an die Verfahrensgestaltung für die Vergabe von Wegenutzungsrechten und damit genau die Grenzen des gemeindlichen Ermessensspielraums aufgestellt wurden. Die Auswahlent-

1 Matthias Pöhl ist Rechtsanwalt und Partner bei Becker Büttner Held PartGmbB.

scheidung muss im unverfälschten Wettbewerb nach sachlichen Kriterien, transparent und diskriminierungsfrei erfolgen. Was genau das heißt, beantworten die Gerichte dabei oft unterschiedlich.

Zuletzt im Jahr 2017 hat auch der Gesetzgeber versucht, durch ein neues Regelungsregime mehr Klarheit in das Spannungsfeld zwischen kommunaler Selbstverwaltung und diskriminierungsfreiem Wettbewerb zu bringen. Mit der Novelle des § 46 EnWG und der Einführung des Rüge- und Präklusionsregimes in § 47 EnWG hat er viele Entwicklungen aus der Rechtsprechung aufgegriffen. Ein diesen Anforderungen genügendes Konzessionierungsverfahren durchzuführen, stellt trotzdem auch heute noch eine besondere Herausforderung für die Kommunen dar.

II. Konzessionsvergabe als kommunale Aufgabe – in engen Grenzen

Die Versorgung der Einwohner und ortsansässigen Unternehmen mit Energie ist eine Aufgabe der verfassungsrechtlich geschützten kommunalen Selbstverwaltung (BGH, Urt. v. 17.12.2013 – KZR 66/12, juris Rn. 31 – *Stromnetz Berkenthin*). Daher kommt den Gemeinden bei der Konzessionsvergabe ein weiter Ermessensspielraum zu. Gem. Art. 28 Abs. 2 S. 1 GG findet die Selbstverwaltungsgarantie ihre Grenzen jedoch *„im Rahmen der Gesetze“*. Bei der Konzessionsvergabe wird der Spielraum der Gemeinden insbesondere durch das kartellrechtliche Diskriminierungsverbot gem. § 19 Abs. 2 Nr. 1 GWB, § 46 Abs. 1 EnWG und die vorrangige Berücksichtigung der Ziele des § 1 EnWG begrenzt. Die Möglichkeit der „Inhouse-Vergabe“ besteht nicht; ein wettbewerbliches Verfahren unter Beachtung dieser Grundsätze muss auch durchgeführt werden, wenn ein Eigenbetrieb oder sonstiges kommunales Beteiligungsunternehmen als Konzessionär in Betracht kommt (§ 46 Abs. 6 EnWG).

Als marktbeherrschende Anbieter der Wegenutzungsrechte in ihrem Gebiet sind die Gemeinden gemäß § 19 Abs. 2 Nr. 1 GWB und § 46 Abs. 1 EnWG verpflichtet, den Konzessionär für den Betrieb eines Energieversorgungsnetzes in einem diskriminierungsfreien Wettbewerb auszuwählen. Die Auswahl muss in einem transparenten Verfahren erfolgen und ist vorrangig an Kriterien auszurichten, die das Ziel des § 1 EnWG (Gewährleistung einer sicheren, preisgünstigen, verbraucherfreundlichen, effizienten und umweltverträglichen leitungsgebundenen örtlichen Versorgung der Allgemeinheit mit Elektrizität und Gas) konkretisieren (BGH, Urt. v. 17.12.2013 – KZR 66/12, juris Rn. 16 – *Stromnetz Berkenthin*). Die Gemeinde darf dabei innerhalb enger Grenzen ihre eigenen finanziellen Interessen berücksichtigen (BGH, Urt. v. 17.12.2013 – KZR 66/12, juris Rn. 45 – *Stromnetz Berkenthin*).

Diese vom BGH hervorgehobenen Grundsätze hat auch der Gesetzgeber 2017 in die gesetzliche Neuregelung einfließen lassen. Nachfolgend soll anhand dreier besonders umstrittener Bereiche der Verfahrensgestaltung zur Vergabe von Strom- und Gaskonzessionen analysiert werden, ob damit hinreichend Klarheit geschaffen wurde oder ob weiterer Reformbedarf besteht.

1. *Vorrangige Berücksichtigung der § 1 EnWG-Ziele und Berücksichtigung eigener finanzieller Interessen*

Das aus dem Diskriminierungsverbot abzuleitende allgemeine Gebot, eine Auswahlentscheidung allein nach sachlichen Kriterien zu treffen, wird für den Bereich der Konzessionsvergabe durch das Energiewirtschaftsrecht näher bestimmt (BGH, Urt. v. 17.12.2013 – KZR 66/12, juris Rn. 36 – *Stromnetz Berkenthin*). Die Gemeinde ist bei der Auswahl des Unternehmens den Zielen des § 1 EnWG verpflichtet, § 46 Abs. 4 Satz 1 EnWG.

Da das energiewirtschaftsrechtliche Ziel einer möglichst sicheren, preisgünstigen, verbraucherfreundlichen, effizienten und umweltverträglichen leitungsgebundenen Versorgung der Allgemeinheit mit Elektrizität und Gas mehrere Einzelziele vereint, die unterschiedlicher Konkretisierung, Gewichtung und Abwägung gegeneinander zugänglich sind, kann die Gemeinde durch die konkreten Kriterien, die sie der Auswahlentscheidung zugrunde legt, und deren Gewichtung ihren Auftrag zur Daseinsvorsorge erfüllen und in der ihr sachgerecht erscheinenden Weise konkretisieren (vgl. BGH, Urt. v. 17.12.2013 – KZR 66/12, juris Rn. 48 ff. – *Stromnetz Berkenthin*; OLG Celle, Urt. v. 26.1.2017 – 13 U 9/16, juris Rn. 35 f.; KG Berlin, Urt. v. 25.10.2018 – 2 U 18/18 EnwG, juris Rn. 59). Daneben darf sie nur solche Kriterien aufstellen, die konzessionsabgabenrechtlich zulässige Nebenleistungen im Zusammenhang mit der Wegenutzung betreffen (BGH, Urt. v. 17.12.2013 – KZR 66/12, juris Rn. 47 – *Stromnetz Berkenthin*). Im Nachgang zur BGH-Rechtsprechung zeichnete sich eine Konsolidierung der Rechtsprechung mit Blick auf die Berücksichtigung der § 1 EnWG-Ziele ab (OLG Frankfurt, Urt. v. 3.11.2017 – 11 U 51/17 (Kart), juris Rn. 47; KG Berlin, Urt. v. 25.10.2018 – 2 U 18/18 EnWG, juris Rn. 59).

Mit seiner Hervorhebung der Ziele der Versorgungssicherheit und der Kosteneffizienz in § 46 Abs. 4 Satz 2 EnWG hat der Gesetzgeber 2017 im Nachgang zur Berkenthin-Entscheidung jedoch erneut für Unsicherheit hinsichtlich der Gewichtung der verschiedenen § 1 EnWG-Ziele gesorgt. In der Rechtsprechung ist seitdem umstritten, wie insbesondere die Hervorhebung der Kosteneffizienz zu verstehen ist. Streitig ist, ob diese – ebenso wie es der BGH für die Versorgungssicherheit fordert – mit einer Mindestgewichtung zu versehen ist (so beispielsweise: OLG Brandenburg, Urt. v. 20.3.2018 – 6 U 4/17 Kart, juris Rn. 88; aA OLG Karlsruhe, Urt. v. 28.8.2019 – 6 U 109/18 Kart, juris Rn. 171). Insofern wäre eine Nachbesserung der gesetzlichen Regelung wünschenswert.

Einigkeit besteht hingegen dahingehend, dass der Verwirklichung der § 1 EnWG-Ziele am besten durch einen offen gestalteten Ideenwettbewerb Rechnung getragen werden kann. Der Sinn eines solchen offenen Wettbewerbs besteht laut OLG Frankfurt *„gerade darin, von den Bietern eigenständige Ideen und Vorstellungen zu bekommen“* (OLG Frankfurt, Urt. v. 3.11.2017 – 11 U 51/17 (Kart), juris Rn. 70) und kommt den Kommunen insofern entgegen, als es regelmäßig die Bewerber, also die Energieversorgungsunternehmen, sein dürften, die den größeren Sachverstand hinsichtlich der Umsetzung der § 1 EnWG-Ziele haben:

> *„…eine solche Ausschreibung [ist] wenn nicht sogar geboten, so doch jedenfalls als zulässig anzusehen. Wenn die Gemeinde selbst die ihr erst zu unterbreitenden Ideen noch nicht kennt und auch selbst naturgemäß das Know How zur überlegenen Entwicklung der Vielzahl der abzufragenden Konzepte nicht hat, so versteht sich von selbst, dass nicht schon im Vorhinein vorhergesehen und fest bestimmt werden kann, bei welcher genauen Angebotsgestaltung bei einem Kriterium oder Unterkriterium die volle Punktzahl zu vergeben sein wird.“*
>
> OLG Schleswig, Urt. v. 16.4.2018 – 16 U 110/17 (Kart), juris Rn. 60.

Die Ausschreibung eines Konzept- und Ideenwettbewerbs wird dann sinnvollerweise mit der sog. relativen Bewertungsmethode verbunden, wobei die Angebote der Bewerber untereinander verglichen werden und die Gemeinde feststellt, welcher Bewerber die von ihr aufgestellten Zielvorgaben am besten erfüllt (vgl. OLG Brandenburg, Urt. v. 22.8.2017 – 6 U 1/17, juris Rn. 118). Bei einer absoluten Bewertungsmethode würde es der Kommune selbst obliegen, jeweils das Optimum der Zielerfüllung vorzugeben, wozu sie oft gar nicht in der Lage sein wird. Dass die relative Bewertungsmethode zulässig und der absoluten Bewertungsmethode im Ideenwettbewerb um die Vergabe von Strom- und Gaskonzessionen überlegen ist, erscheint mittlerweile als absolut herrschende Rechtsprechung (vgl. anstatt vieler OLG Celle, Urt. v. 19.10.2017 – 13 U 38/17 (Kart); OLG Brandenburg, Urt. v. 22.8.2017 – 6 U 1/17 Kart, juris Rn. 117). Es bestehen Zweifel, ob eine absolute Bewertungsmethode dem Wettbewerbsgedanken des § 46

Abs. 2 ff. EnWG überhaupt gerecht werden kann (OLG Schleswig, Urt. v. 13.7.2017 – 16 U 32/17 Kart, juris Rn. 65).

Aus dieser offenen Verfahrensgestaltung ergeben sich für die Auswertung der Gemeinde dann jedoch besondere Anforderungen an die Dokumentation der Auswahlentscheidung (OLG Brandenburg, Urt. v. 22.8.2017 – 6 U 1/17 Kart, juris Rn. 129). Die Rechtsprechung spricht von der sog. *„Kehrseite der ergebnisoffenen Ausschreibung"*. Gefordert wird eine detaillierte und zu dokumentierende qualitative Bewertung mit einer eingehenden Begründung (OLG Schleswig, Urt. v. 16.4.2018 – 16 U 110/17 Kart, juris Rn. 65). Auch in dieser Hinsicht sind für die Kommunen klare Vorgaben wünschenswert. Es bleibt zu hoffen, dass hier im Wege einer höchstrichterlichen Entscheidung eine Vereinheitlichung der Rechtsprechung erreicht werden kann.

2. *Zulässigkeit der Berücksichtigung von Angelegenheiten der örtlichen Gemeinschaft über kommunale Einflussmöglichkeiten bis hin zu gesellschaftsrechtlicher Beteiligung*

Bereits der BGH erkannte ein legitimes Interesse der Gemeinden an der Ausgestaltung des Netzbetriebs auch nach der Konzessionsvergabe an (BGH, Urt. v. 17.12.2013 – KZR 66/12, juris Rn. 52 – *Stromnetz Berkenthin*) und sah die Verpflichtung, die Konzessionsvergabe an dem Bedarf auszurichten, den die Gemeinde als Nachfrager im Interesse aller Netznutzer befriedigen muss (BGH, Urt. v. 17.12.2013 – KZR 66/12, juris Rn. 45 – *Stromnetz Berkenthin*).

Der Gesetzgeber nahm 2017 daraufhin den Zusatz ins Gesetz auf, dass die Gemeinden bei der Vergabe der Konzessionen auch die Angelegenheiten der örtlichen Gemeinschaft berücksichtigen dürfen, § 46 Abs. 4 Satz 2 EnWG. In der Rechtsprechung wird daraus mehr oder weniger einheitlich die Zulässigkeit sog. konzessionsvertragsbezogener Auswahlkriterien abgeleitet.

Auch die Zulässigkeit von Auswahlkriterien, die vertragsrechtliche Einflussmöglichkeiten der Gemeinde auf Effizienz, Sicherheit und Preisgünstigkeit, Verbraucher- und Umweltfreundlichkeit des Netzbetriebs gewähren, werden von der Rechtsprechung anerkannt (BGH, Urt. v. 17.12.2013 – KZR 66/12, juris Rn. 52 – *Stromnetz Berkenthin*; KG Berlin, Urt. v. 25.10.2018 – 2 U 18/18 EnWG, juris Rn. 61). Solche Einflussmöglichkeiten können insbesondere Informations- und Nachverhandlungspflichten, Mitwirkungs- und Konsultationsrechte sein. Damit soll insbesondere auch dem Umstand Rechnung getragen werden, dass die Entwicklung der Gemeinde über die gesamte Laufzeit des Konzessionsvertrags und die sich hieraus ergebenden veränderten Anforderungen an den Netzbetrieb nicht zuverlässig vorhersehbar sind.

Soweit die Gemeinde bestimmte Einflussmöglichkeiten auf den Netzbetrieb für unverzichtbar hält, muss sie diese jedoch bereits im Rahmen der Leistungsbeschreibung für den Konzessionsvertrag für alle Angebote verbindlich vorgeben (Mindestanforderungen). Ihre zusätzliche Berücksichtigung bei der Bewertung der ordnungsgemäßen Angebote ist dann nicht mehr möglich.

Inwieweit die Gemeinde zur Sicherung solcher Einflussmöglichkeiten das Angebot einer gesellschaftsrechtlichen Beteiligung bei der Auswahl des neuen Konzessionärs berücksichtigen darf, hat der BGH in seiner *Berkenthin*-Entscheidung zwar noch offen gelassen (BGH, Urt. v. 17.12.2013 – KZR 66/12, juris Rn. 53 – *Stromnetz Berkenthin*). Allerdings hat er bereits die (engen) Grenzen aufgezeigt, die jedenfalls zu beachten sind:

> *„Zum einen läuft eine Beteiligung Gefahr, die Grenzen zu überschreiten oder zu umgehen, die die Konzessionsabgabenverordnung der Vereinbarung von Gegenleistungen für die Einräumung der Wegenutzungsrechte setzt und zu denen insbesondere auch das Verbot gehört, Verpflichtungen zur Übertragung von Versorgungseinrichtungen ohne wirtschaftlich angemessenes Entgelt zu vereinbaren (§ 3 Abs. 2 Nr. 2 KAV). Zum anderen könnte eine gesellschaftsrechtliche Verbindung der beiden Marktseiten als Wertungskriterium in einem Kontext, in dem die eine - marktbeherrschende - Seite eine Auswahl zwischen verschiedenen Anbietern auf der anderen Marktseite zu treffen hat, zu einer Verfälschung des Leistungswettbewerbs auf der Anbieterseite führen. Da die Gemeinde sich, wie ausgeführt, auch mit einem eigenen Unternehmen oder einem Eigenbetrieb am Wettbewerb um das Netz beteiligen kann, verschaffte ihr ein Wertungskriterium "gesellschaftsrechtlicher Einfluss" stets einen Vorteil gegenüber denjenigen Bewerbern, die die Aufgabe des Netzbetriebs eigenverantwortlich übernehmen wollen."*
>
> BGH, Urt. v. 17.12.2013 – KZR 66/12, juris Rn. 53 – *Stromnetz Berkenthin*

In der Rechtsprechung hat sich infolgedessen Konsens dahingehend entwickelt, dass jedenfalls das Kriterium „gesellschaftsrechtliche Einflussnahme" bei der Auswahl des neuen Konzessionsvertragspartners unzulässig ist (OLG Frankfurt, Urt. v. 3.11.2017 – 11 U 51/17 (Kart), juris Rn. 86; OLG Dresden, Urt. v. 18.9.2019 – U 1/19 Kart). Solange der Gesetzgeber an dem Verbot der „Inhouse-Vergabe" (§ 46 Abs. 6 EnWG) festhält, erscheint diese

Entwicklung konsequent, auch wenn man diese mit Blick auf eine Stärkung der freien „Systementscheidung" bemängeln mag.

Der vom BGH in seiner früheren Rechtsprechung noch als *„völlig frei"* bezeichneten Entscheidung der Kommunen, ob die Energieversorgung durch den bisherigen Vertragspartner, durch ein konkurrierendes Versorgungsunternehmen oder aber durch die Kommune selbst fortgesetzt werden soll (BGH, Urt. v. 16.11.1999 – KZR 12/97, juris Rn. 51), sind heute enge Grenzen gesetzt. Grundsätzlich sind, wenn sich ein Eigenbetrieb einer Gemeinde bzw. ein kommunales (Beteiligungs-)Unternehmens als Bieter im Konzessionsverfahren beteiligt, keine besonderen oder gar erhöhten Verfahrensanforderungen anzunehmen. Bereits der BGH hatte in seinem Urteil vom 17.12.2013 (KZR 65/12 – *Heiligenhafen*) angenommen, dass

> *„die Betrauung eines kommunalen Eigenbetriebs mit dem Netzbetrieb [...] gegenüber der Konzessionierung eines ‚Energieversorgungsunternehmens' im Sinne von § 46 EnWG weder erschwert noch erleichtert werden"* dürfe.

Ebenso heißt es in der Gesetzesbegründung zu § 46 EnWG (vgl. BT-Drs. 18/8184, S. 8), dass

> *„jedem (kommunalen) Bieter [...] eine rechtssichere Übernahme der Netze zu ermöglichen [ist], wenn er sich im Wettbewerb als geeignetster künftiger Netzbetreiber durchsetzen kann".*

Aus Sicht der Gemeinden ist bei der Beteiligung eines kommunalen Bieters am Wettbewerb jedoch besonderes Augenmerk auf die Beachtung des Neutralitätsgebots zu richten.

Bei der Bewerbung eines eigenen Stadtwerks oder einer anderen Form eines Beteiligungsunternehmens der Gemeinde gilt das Gebot der organisatorischen und personellen Trennung der Vergabestelle von dem als Bieter auftretenden Eigenbetrieb (vgl. BGH, Beschl. v. 18.10.2016 – KZB 46/15, juris Rn. 40 – *Berlin Energie*).

Die Rechtsprechung ist hier teilweise streng und lässt bereits einen *„bösen Schein"* ausreichen, um einen Verstoß gegen das Neutralitätsgebot anzunehmen:

> *„Im Hinblick auf die Manipulationsgefahr, die bei dem naheliegenden Wunsch der Gemeinde nach einem „Selbsteintritt" auf der Hand liegt, genügen bereits hinreichende, auf glaubhafte Anknüpfungstatsachen gestützte Zweifel, um einen Verstoß gegen das Neutralitätsgebot zu bejahen."*
>
> OLG Schleswig, Urt. v. 16.4.2018 – 16 U 110/17 Kart, juris Rn. 40; vgl. auch LG Berlin, Urt. v. 7.11.2019 – 16 O 259/19 Kart, S. 25 unten; OLG

Naumburg, Urt. v. 21.9.2018 – 7 U 33/17 (Hs), juris Rn. 61 ff.; OLG Stuttgart, Urt. v. 5.1.2017 – 2 U 66/16, juris Rn. 99; LG Dortmund, Urt. v. 3.7.2015 – 10 O 63/15 EnW, Rn. 63.

Gerade hinsichtlich der Kausalitätsanforderungen bei Neutralitätsverstößen ist die Rechtsentwicklung allerdings noch im Fluss. Zeitnah ist hier mit einer Positionierung des BGH in einem im Januar 2020 mündlich verhandelten Verfahren zu rechnen (KZR 99/18).

3. *Rüge- und Präklusionsregime nach § 47 EnWG*

Mit § 47 EnWG n.F. im Jahr 2017 wurde ein Rüge- und Präklusionsregime in das Konzessionsvergaberecht eingeführt, das ebenfalls vom BGH bereits in der *Berkenthin*-Entscheidung angelegt worden war (BGH, Urt. v. 17.12.2013 – KZR 66/12, juris Rn. 108 – *Stromnetz Berkenthin*). Die Gesetzesänderung kam damit schneller als eine Fortbildung der vom BGH entwickelten Ansätze. Hinsichtlich sog. „Altfälle“ besteht allerdings weiterhin eine große Rechtsunsicherheit. Es war eine zunehmende „Rechtszersplitterung“ auf OLG-Ebene zu beobachten (vgl. OLG Frankfurt, Urt. v. 30.10.2018 – 11 U 62/17 (Kart), juris Rn. 107; OLG Naumburg, Urt. v. 21.9.2018 – 7 U 33/17 (Hs), juris Rn. 76 ff.). Da im einstweiligen Rechtsschutzverfahren die Vorlage zum BGH nicht vorgesehen ist, sind erst jüngst Verfahren nach alter Rechtslage beim BGH anhängig geworden, bei denen dieser über die Anwendung der von ihm entwickelten Präklusionsmaßstäbe entscheiden muss (KZR 99/18 und EnZR 116/18).

Das Bestreben des Gesetzgebers, dadurch auf einen funktionierenden Wettbewerb hinzuwirken, ist grundsätzlich zu begrüßen. Neben einer *„zügig eintretenden Rechtssicherheit“* beabsichtigte der Gesetzgeber vor allem auch eine Entlastung der Gerichte (vgl. BT-Drs. 18/8184, S. 16). Diese Ziele sind jedoch mit der aktuellen gesetzlichen Ausgestaltung noch nicht hinreichend erreicht worden.

Das vom Gesetzgeber nur unzureichend geregelte Rüge- und Präklusionsregime nach § 47 EnWG wirft unzählige ungeklärte materiell-rechtliche und prozessuale Fragen auf. Dazu gehört unter anderem die Frage, unter welchen konkreten Voraussetzungen die Präklusion eintritt. Auch ist bisher ungeklärt, in welchem Verhältnis das in § 47 Abs. 5 EnWG vorgesehene einstweilige Verfügungsverfahren zu einem etwaigen Hauptsacheverfahren, gerichtet auf die Feststellung der Nichtigkeit des Konzessionsvertrages, steht und ob Mängel des Konzessionierungsverfahrens auch noch im Netzherausgabeprozess zwischen Alt- und Neukonzessionär geltend gemacht werden können. (Nicht nur) diese offenen Rechtsfragen führen dazu, dass die Bieter derzeit gezwungen sind, in jedem Verfahrensstadium auch nur aus ihrer Sicht vermeintlich rechtswidrige Verfahrenshandlungen der Gemeinde mit einer Rüge anzugreifen bzw. diese dann gerichtlich weiterzuverfolgen, da andernfalls Präklusion droht.

Der „Sonderrechtsweg“ zu den ordentlichen Gerichten wirft weitere prozessuale Fragestellungen auf. Beispielsweise ist fraglich, wie Betriebs- und Geschäftsgeheimnisse der Bieter geschützt werden können, da es im Zivilprozess jedenfalls kein „in camera“-Verfahren wie im Verwaltungsprozess gibt.

III. Fazit

Drei Jahre nach der letzten Novelle der §§ 46 ff. EnWG zeichnet sich ab, dass sich die Kommunen bei der Vergabe von Strom- und Gaskonzessionen auf eine anhaltende Rechtsfortbildung – sei es durch die Gerichte, sei es durch den Gesetzgeber – einstellen müssen. Die Ziele der Novelle aus dem Jahr 2017 sind bisher weitgehend noch nicht erreicht worden. Die Bemühungen einer zunehmenden Klärung durch die Obergerichte sind zwar begrüßenswert. Die Rechtsprechung ist aber weiterhin teils widersprüchlich und verkennt die Reichweite des verfassungsrechtlich geschützten kommunalen Beurteilungsspielraums. Mangels Zuständigkeit des BGH in Verfahren des einstweiligen Rechtsschutzes kann hier mit einer Sicherung der einheitlichen Rechtsprechung durch den BGH nur bedingt gerechnet werden. Sogenannte Hauptsacheverfahren gibt es wenige und sie gelangen erst nach vielen Jahren zum BGH, wie jetzt die zwei bereits erwähnten Verfahren zur alten Rechtslage (KZR 99/18 und EnZR 116/18).

Insofern ist wohl erneut der Gesetzgeber gefragt, die Regelung des § 46 EnWG und insbesondere das Rüge-und Präklusionsregime des § 47 EnWG nachzubessern. Geht es um so zentrale Fragen der öffentlichen Daseinsvorsorge wie den örtlichen Strom- und Gasnetzbetrieb, sind Regelungslücken im gegenwärtigen Ausmaß nicht haltbar.

Die Neufassung der §§ 46 ff. EnWG zwischen Theorie und Praxis – Was hat sich der Gesetzgeber nur dabei gedacht?

Gabriele Krater[1]

„Je weniger die Leute wissen,
wie Würste und Gesetze gemacht werden,
desto besser schlafen sie!"
Otto von Bismarck
(*1815, +1898)

1 Die Verfasserin ist Referatsleiterin für Energie(kartell)recht im Ministerium für Wirtschaft, Innovation, Digitalisierung und Energie des Landes Nordrhein-Westfalen. Die Verfasserin war maßgeblich an der Gesetzesnovelle beteiligt. Der Beitrag basiert auf dem Vortrag, den die Verfasserin auf der o.g. Jahrestagung gehalten hat und gibt die persönliche Meinung der Verfasserin wieder.

Sachstand und Ausgangslage

Als die Überlegungen für die Novellierung des Rechtsrahmens für die Wegerechte für Strom- und Gasnetzkonzessionen begannen, war festzustellen, dass aufgrund der rudimentären Rechtslage – der VGH Baden-Württemberg führte in seinem Beschluss von Ende August 2013 aus, dass das Konzessionsvergabeverfahren gesetzlich wenig konturiert sei[2] - Kommunen entweder gar kein Wettbewerbsverfahren durchführten, kommunale Interessen gleichwertig oder höherwertig als die Ziele des § 1 EnWG gewichteten, gewichtete kommunale Interessen der Wirtschaft vor Ort, jedoch nicht der Energieversorgung Vorrang hatten, unterlegene Altkonzessionäre Netzübergabeverhandlungen verweigerten, begannen, aber dilatorisch behandelten, Netzkaufpreise in schwindelerregender Höhe forderten oder die Netzherausgabe schlicht verweigerten. M.a.W. drängte sich eine Verdichtung des Rechtsrahmens geradezu auf. Diese Ausgangssituation sollte bei aller – möglicherweise berechtigten Kritik – an der Novelle bzw. deren praktischen Auswirkungen nicht vergessen werden.

Politische und andere Akteure

Als die rechtliche Diskussion über eine Novellierung des rudimentären Rechtsrahmens bzw. überhaupt einen solchen in NRW begann, fanden sich bereits im Koalitionsvertrag des Landes NRW[3] dazu entsprechende Ausführungen: „Um die Übertragung der Netze zu erleichtern und rechtssicher zu gestalten, werden wir uns weiter für eine Änderung der entsprechenden Regelungen im Energiewirtschaftsgesetz einsetzen."

Im Koalitionsvertrag der Bundesregierung[4] hieß es: „Bewertungsverfahren bei Neuvergabe (z.B. bei der Rekommunalisierung) der Verteilnetze (soll) eindeutig und rechtssicher geregelt sowie die Rechtssicherheit im Netzübergang verbessert werden."

Außerdem hatte der nordrhein-westfälische Landtag „..die Landesregierung aufgefordert, sich in einer neuen Bundesratsinitiative für klare energiewirtschaftsrechtliche Regelungen für eine rechtssichere Konzessionsver-

---

2 VGH Baden-Württemberg, Beschluss vom 22.08.2013, Az. 1 S 1047/13, Rn 23

3 Koalitionsvertrag 2012 – 2017, Verantwortung für ein starkes NRW – Miteinander die Zukunft gestalten, S. 40

4 Koalitionsvertrag zwischen CDU/CSU und SPD, 18. Legislaturperiode, Deutschlands Zukunft gestalten, S. 59

gabe einzusetzen, die kommunale Netzübernahmen nicht unangemessen einschränkt."[5]

Davon beflügelt gründete sich im Oktober 2013 im nordrhein-westfälischen Wirtschaftsministerium eine Arbeitsgruppe, die sich zum Ziel setzte, die Inhalte einer Gesetzesnovellierung zu formulieren. In acht Sitzungen tagten ab Oktober 2013 19 Mitglieder, die sich aus den Landeskartellbehörden der Länder NRW, Niedersachen, Schleswig-Holstein, dem Innenministerium des Landes NRW, dem Bundeskartellamt und der Bundesnetzagentur sowie dem Bundesministerium für Wirtschaft zusammensetzte. Mitglieder waren außerdem der Städtetag, der Städte- und Gemeindebund, der Verband kommunaler Unternehmen (VKU) sowie der Bund der Energie- und Wasserversorger (BDEW). Mit am Tisch saßen ebenfalls Fachanwältinnen und -anwälte sowie Beraterinnen und Berater, deren Mandantschaft aus Kommunen sowie Konzessionären besteht.

Anfang September 2014 war ein Formulierungsvorschlag nach teilweise kontroversen Diskussionen soweit fertig gestellt. Diese Vorschläge wurden in das geplante Gesetzgebungsverfahren, das federführend beim Bundesministerium für Wirtschaft und Arbeit ressortierte, eingebracht. Das Bundeskabinett beschloss den Gesetzentwurf[6] Anfang Februar 2016, der Anfang März 2016 den Wirtschaftsausschuss des Bundesrates und schließlich Mitte September 2016 dessen Plenum erreichte. Das Ergebnis des Bundesratsverfahrens[7] führte zu einer Gegenäußerung der Bundesregierung[8] im April 2016.

Danach schloss sich das Gesetzgebungsverfahren mit dem 1. Durchgang im Bundestag am 21.04.2016, mit einer Anhörung in dessen Wirtschaftsausschuss am 01.06.2016 sowie einer Beschlussempfehlung[9] am 30.11.2016 an. Der 2. und 3. Durchgang im Bundestag folgte am 1. bzw. 2.12.2016. Mit dem 2. Durchgang im Bundesrat wurde das Gesetzgebungsverfahren am 16.12.2016 beendet, so dass die Novellierung am 02.02.2017 im Bundesgesetzblatt[10] veröffentlicht werden konnte und einen Tag später in Kraft trat. Das Damoklesschwert der Diskontinuität, dem der Gesetzentwurf wegen der Bundestagswahl im September 2017 hätte zum Opfer fallen können, war damit abgewendet.

---

5 Antrag der Fraktion der SPD und der Fraktion BÜNDNIS 90/ Die Grünen „Fairen Wettbewerb schaffen", LT-Drs 16/4153

6 BR Drs 73/16

7 BR Drs 73/16 Beschluss; Empfehlungen der Ausschüsse BR Drs. 73/16

8 Stellungnahme der Bundesregierung, BT Drs 18/8184, Anlage 3

9 BT Drs 18/8182 und 18/10503

10 BGBl. I 2017, 130 ff

Wesentliche Inhalte

Das schließlich in Kraft getretene Gesetz enthält eine deutliche Absage an die Anwendung der Vorschiften über die Inhouse Vergabe, an eine Stärkung der kommunalen Belange sowie die Anwendung des Vergaberechts. Alle drei Aspekte waren in der Diskussion vor und während des Gesetzgebungsverfahrens immer wieder gefordert worden.[11]

Wesentlicher Inhalt des Gesetzentwurfs waren die Präzisierung der Ermittlung der wirtschaftlich angemessenen Vergütung, die prioritäre Berücksichtigung der Ziele des § 1 EnWG, Informations-, Veröffentlichungs- und Wartepflichten, das Rügeregime, der Umfang der Datenherausgabe sowie die Fortzahlung der Konzessionsabgabe nach Ablauf des Konzessionsvertrages. Einige dieser gesetzgeberischen Entscheidungen seien im folgenden erläutert.

Berücksichtigung kommunaler Belange (§ 46 Abs. 4 EnWG)

Die Berücksichtigung der kommunalen Belange im Verhältnis zu den Zielen des § 1 EnWG einerseits und dem Schutz der kommunalen Selbstverwaltung nach Art. 28 Abs. 2 GG bewegte die Gemüter von Beginn an. Letztere argumentierten mit der Daseinsvorsorge, die allein von den Kommunen gestaltet werden dürfe[12], erstere setzten auf den weiten Gestaltungsspielraum des Gesetzgebers. Der BGH[13] schloss sich dieser Auffassung in den wegweisenden Entscheidungen zu Heiligenhafen und Berkenthin an.

Im Gesetzgebungsverfahren war diese Auffassung erstaunlicherweise von Anfang an gesetzt und zog sich durch das gesamte Gesetzgebungsverfahren und zwar nicht nur, weil ausdrücklicher Wille des Gesetzgebers war, an den für die Vergabe von Wegerechten für die Gas- und Stromnetze o.g. Entscheidungen des BGH festzuhalten.

In der Begründung wurde zum Ressortkompromiss zwischen Wettbewerb und kommunalen Belangen formuliert, dass die herausragende Bedeutung von Versorgungssicherheit und Kosteneffizienz nicht durch die

---

11 s. dazu die Stellungnahmen an den Ausschuss für Wirtschaft und Energie des Bundestages zum Gesetzentwurf und Wortprotokoll der 79. Sitzung, Protokoll-Nr. 18/79

12 so Prof. Dr. Johannes Hellermann, in seinem Rechtsgutachten „Zulässige Kriterien im Rahmen der gemeindlichen Entscheidung über die Vergabe von Strom- und Gaskonzessionsverträgen, im Auftrag des VKU aus Januar 2013

13 BGH, Urteile vom 17.12.2013, Az.: KZR 65/12 und KZR 66/12

Berücksichtigung der Angelegenheiten der örtlichen Gemeinschaft relativiert bzw. im Widerspruch dazu stehen dürfe.[14]

Eine Protokollnotiz der Regierungsparteien führte aus, dass „im Sinne eines diskriminierungsfreien Wettbewerbs um die Wegenutzungsrechte die administrierende Gemeinde die Auswahlkriterien so wählen und ausgestalten (muss), dass sie jeder Bewerber gleichermaßen erfüllen kann. Insbesondere dürfen die aufgestellten Kriterien kommunale Bewerber gegenüber sonstigen Bewerbern nicht bevorzugen. Dies gilt auch für die Angelegenheiten der örtlichen Gemeinschaft im Sinne der neu geschaffenen Vorschrift."[15]

Damit wurde mehr als deutlich, dass der Vorrang der Ziele des § 1 EnWG bei der Vergabe der Wegerechte für Strom- und Gasnetze die Berücksichtigung der kommunalen Belange auf die Plätze verwies.

Rügeobliegenheiten/Präklusion (§ 47 Abs. 1 EnWG)

Die frühen Verfahren zur Vergabe der Wegerechte und die, die immer noch nach der früheren Rechtslage geführt werden,[16] lassen insbesondere die klassische Verwaltungsrechtlerin erstaunen. Setzt im Verwaltungsrecht der Rechtsfrieden zwar vielleicht erzwungen und contra legem nach meistens einem Monat ein, konnte totz einer Ratsentscheidung über die Neukonzessionierung insbesondere der unterlegene Altkonzessionär entspannt mit Netzübergabeverhandlungen mehr oder minder dilatorisch beginnen, um dann nach doch schon einem dreiviertel Jahr festzustellen, dass das durchgeführte Verfahren zur Vergabe der Wegerechte „leider" bereits mit der Bekanntmachung vor einigen Jahren rechtswidrig war, ganz zu schweigen von den Auswahlkriterien und deren Gewichtung. Der Kommune bzw. dem obsiegenden Neukonzessionär blieb nichts anderes übrig, als ein teures und langwieriges Gerichtsverfahren zur Herausgabe des als Geisel genommenen Netzes anzustrengen, das Verfahren freiwillig – ob korrekt oder nicht - zu wiederholen oder sich unter Negierung des Höchstlaufzeit von 20 Jahren mit dem Altkonzessionär auf eine Art Übergangslösung zu einigen, auch Betriebsführungsvertrag - meistens für 5 Jahre - genannt.[17]

---

14 BR Drs 73/16, S. 17/18

15 Ausschussdrucksache 18 (9) 1046

16 s. z.B. Gasversorgungsnetz Berlin, KG Berlin, Urt. v. 04.04.2019; Az. 2 U 5/15: Die Konzession endete 2013

17 Diese Version feiert derzeit fröhlichen und elaborierten Urstand in der Gründung von Netzgesellschaften, bestehend aus Alt- und Neukonzessionären sowie Kom-

Deshalb bestand im Gesetzgebungsverfahren breiter Konsens für ein Rüge- und Präklusionsregime, das die jahrelangen Auseinandersetzungen zumindest verkürzen sollte. Dieses Regime findet sich nunmehr in den §§ 47 ff EnWG. Danach kann jedes beteiligte Unternehmen eine Rechtsverletzung durch Nichtbeachtung der Grundsätze eines transparenten und diskriminierungsfreien Verfahrens nach § 46 Abs. 1 bis 4 EnWG nur geltend machen, soweit es diese nach Maßgabe von § 47 Abs. 2 EnWG gerügt hat. Die Rüge ist dann in Textform gegenüber der Gemeinde zu erklären und zu begründen.

Rügefristen (§ 47 Abs. 2)

Die Rügefristen sind unterschiedlich:

- Rechtsverletzungen, die aufgrund der **Bekanntmachung** nach § 46 Abs. 3 EnWG *erkennbar* sind, sind innerhalb der Frist aus § 46 Abs. 4 S. 4 EnWG (= **mind. 3 Kalendermonate**) zu rügen.
- Rechtsverletzungen, die aus der Mitteilung nach § 46 Abs. 4 S. 4 EnWG (**Auswertungskriterien und deren Gewichtung**) *erkennbar* sind, sind innerhalb von **15 Kalendertagen** ab deren Zugang zu rügen.
- Rechtsverletzungen im Rahmen der Auswahlentscheidung, die aus der Information nach § 46 Abs. 5 S. 1 EnWG *erkennbar* sind, sind innerhalb von **30 Kalendertagen** ab deren Zugang zu rügen.
- Erfolgt eine Akteneinsicht nach § 47 Abs. 3 EnWG, beginnt die Frist nach § 47 Abs. 2 Satz 3 (= **30 Kalendertage**) für den Antragsteller erneut ab dem ersten Tag, an dem die Gemeinde die Akten zur Einsichtnahme bereitgestellt hat.

Der Vorschlag, die 15tägige Frist zu verlängern bzw. die Kalender- in Werktage zu ändern, konnte nicht gelingen, da der Gesetzgeber Wert darauf legt, dass gesetzliche Fristen in der nationalen Gesetzgebung mit den Fristen in der europäischen Rechtsetzung gleich laufen. Dies soll den Umgang mit gesetzlichen Fristen grundsätzlich erleichtern.

Erfreulicherweise überzeugte unter Hinweis auf dicht aufeinander folgende Feier- und arbeitsfreie Tag insbesondere zwischen Weihnachten und Neujahr oder auch Ostern, der Vorschlag, die Rügefrist für Rechtsverletzungen bei der Auswahlentscheidung auf 30 Kalendertage zu verdoppeln.

---

munen, die Wettbewerbsverfahren zwar begonnen, vielleicht auch durchgeführt, jedoch keinesfalls beendet haben.

In den o.g. Zeiträumen kann es praktisch unmöglich sein, die 15tägige Frist mit den üblichen Arbeitszeiten einzuhalten. Die Häufung von Ratsentscheidungen an Donnerstagen vor Heilig Abend oder den Mittwoch vor Gründonnerstag war sicherlich immer Zufall. Mit einer Rügefrist von 30 Tagen entspannt sich ein solch zeitliches Zusammentreffen jedoch deutlich.

Der Zeitrahmen von 30 Kalendertagen für die Akteneinsicht, um die Rüge zu begründen, kann wegen des Umfangs der Verfahrensakten durchaus knapp bemessen sein, deshalb soll durch die Festlegung des Fristbeginns sichergestellt werden, dass der rügende Bewerber auch den gesamten Zeitraum zur Verfügung hat und dieser nicht durch eine verzögerte Gewährung der Akteneinsicht verkürzt wird.

Was ist eine erkennbare Rechtsverletzung?

Ob eine Rechtsverletzung erkennbar ist oder nicht wird das Gericht entscheiden, wenn die Kommune im Verfahren den Präklusionseinwand erhebt. Über die Erkennbarkeit muss das Gericht dann inzidenter entscheiden.

Als Faustregel kann gelten, dass je sorgfältiger die Akten aufbereitet sind, umso eher und besser sind evtl. Rechtsverletzungen erkennbar. Daraus folgt, dass bei einer Rechtsverletzung, die ungerügt bleibt, die Bewerber im weiteren Verfahren diesbezüglich präkludiert sind, d.h. diese nicht mehr erfolgreich geltend machen können.

Bleibt die Rechtsverletzung hingegen ungerügt, weil sie z.B. aufgrund nachlässiger Aktenaufbereitung nicht erkennbar ist, kommt eine diesbezügliche Präklusion nicht in Betracht. Eine solche kann also in jedem Stadium des Verfahrens vorgetragen werden.

Akteneinsicht (§ 47 Abs. 3 EnWG)

Zur Vorbereitung einer Rüge nach § 47 Abs. 2 S. 3 (= gegen die Auswahlentscheidung nach § 46 Abs. 5 S. 1 EnWG) hat die Gemeinde jedem beteiligten Unternehmen auf Antrag Einsicht in die Akten zu gewähren und auf dessen Kosten Ausfertigungen, Auszüge oder Abschriften zu erteilen.[18]

---

18 Dies gilt auch für die elektronische Form, s. Begründung S. 21

Aufgrund des Wortlauts muss derjenige, der Akteneinsicht beantragt, um die Auswahlentscheidung zu rügen, am Verfahren teilgenommen haben. Damit ist z.B. einem Altkonzessionär, der sich nicht am Verfahren beteiligt hat, die Akteneinsicht verwehrt und damit auch seine Möglichkeit die Auswahlentscheidung zu rügen bzw. gegen die ablehnende Entscheidung einstweiligen Rechtsschutz zu beantragen. Der Altkonzessionär muss sich also bereits zum Zeitpunkt der Bekanntmachung bzw. innerhalb der Interessenbekundungsfrist entscheiden, ob er sich wieder um das Energieversorgungsnetz bemüht. Als Altkonzessionär passiv abzuwarten, sich selbst die „Mühen" eines Verfahrens zu ersparen, bis dass die Kommune das Verfahren durchgeführt hat, um dann gegen die Auswahlentscheidung des Rates vorzugehen bzw. die Netzherausgabe mit der Begründung zu verweigern, das Verfahren sei rechtswidrig gewesen und ein Herausgabeanspruch bestünde nicht, ist damit für den Altkonzessionär keine Option (mehr), sondern vielmehr verwehrt.

Der Antrag auf Akteneinsicht ist in Textform innerhalb einer Woche ab Zugang der Information nach § 46 Abs. 5 S. 1 EnWG (= Information über die Auswahlentscheidung) zu stellen. Danach ist keine Akteneinsicht mehr möglich, die Kommune kann mithin sicher sein, dass die Auswahlentscheidung dann nicht mehr von den Teilnehmern des Auswahlverfahrens erfolgreich angefochten werden kann. Dies setzt jedoch einerseits auf Seiten der Kommune voraus, dass sie das Verfahren transparent und sorgfältig geführt hat, so dass evtl. Rechtsverletzungen erkennbar waren (s.o.) und dass sie den Zeitpunkt des Zugangs der Auswahlentscheidung bei den unterlegenen Bewerbern aktenkundig dokumentiert hat, um den diesbezüglichen Nachweis eines evtl. verfristeten Akteneinsichtsbegehrens führen zu können.

Im Gesetzgebungsverfahren lag auf der Hand, dass die Gemeinde die Einsicht in die Unterlagen zu versagen hat, soweit dies zur Wahrung von Betriebs- und Geschäftsgeheimnissen geboten ist. So unumgänglich diese Regelung war, so klar war, dass sie streitträchtig werden würde.

Deshalb wurde seitens NRW vorgeschlagen und mit einem entsprechenden Antrag im Bundesrat[19] bekräftigt, dass der Schutz auf den Geheimwettbewerb erweitert und die Betriebs- und Geschäftsgeheimnisse von den Bewerben bereits zu Beginn des Verfahrens gemäß § 111 Abs. 3 GWB a.F. (jetzt: § 165 Abs. 3 GWB n.F.) kenntlich gemacht werden sollten.

Damit sollte der Arbeitsaufwand für die Kommunen gering gehalten werden und eine gesetzliche Regelung die Kommunen legitimieren, vorhe-

---

19 Antragsergebnisse BR Drs 73/1/16, Empfehlungen der Ausschüsse Nr. 25 und 26

rige Kennzeichnung auch zu verlangen. Die Bundesregierung hingegen lehnte diese Klarstellung in ihrer Stellungnahme zur Beschlussfassung des Bundesrates mit der Begründung ab, eine solche Regelung sei nicht erforderlich.[20] Leider straft die Praxis diese Auffassung für die Kommunen schmerzhaft und teuer Lügen.

Abhilfezeitpunkt

Ein anderer Antrag NRWs, der im Bundesrat eine Mehrheit gefunden hatte, war die gesetzliche Normierung, die Nichtabhilfeentscheidungen über erhobene Rügen auf den Zeitpunkt spätestens nach der Auswahlentscheidung nach § 46 Abs. 5 EnWG zu bündeln. Damit sollte erreicht werden, dass das Verfahren nicht durch Gerichtsverfahren ständig unterbrochen wird.

Auch hierfür sah die Bundesregierung kein Bedürfnis, da dies bereits nach dem vorliegenden Gesetzentwurf möglich und zulässig sei, um „eingeschobene“ Gerichtsverfahren zu vermeiden[21]. Diese Aussage ist richtig und die Gesetzesbegründung[22] führt dies ebenfalls aus. Doch auch hier bestätigt die Praxis die Befürchtungen, die der Beschluss des Bundesrates vermeiden wollte. Die Verfahren werden offensichtlich ständig durch Gerichtsverfahren unterbrochen, da die Rügen zeitnah entschieden werden und damit die Frist des § 47 Abs. 5 S. 1 EnWG ausgelöst wird. Um nicht präkludiert zu sein, bleibt dem Rügenden nichts anderes übrig, als einstweiligen Rechtsschutz zu beantragen.

Fraglich ist nur, warum diejenigen, die die Kommunen in den Verfahren rechtlich beraten, diesen durch Bündelung der Rügen auf das Ende des Verfahrens nicht zumindest einen Teil der eingeschobenen Gerichtsverfahren im wahrsten Sinne des Wortes ersparen.

Ein weiterer Antrag NRWs, der im Bundesrat eine Mehrheit gefunden hatte war, den Eilrechtsschutz gegen das Verfahren bzw. die Auswahlentscheidung auf das Ende des Verfahrens, also auf den Zeitpunkt zwingend nach der Auswahlentscheidung zu konzentrieren. Auch dies lehnte die Bundesregierung mit der Begründung ab, die Kommunen sollten flexibel

---

20 Stellungnahme der BReg, BT Drs 18/8184, Anlage 3

21 Stellungnahme der BReg. a.a.O. S.

22 BR Drs 73/16 , Begründung S. 21

entscheiden können[23]. Dieser Ablehnungsgrund ist auch weiterhin durchaus nachvollziehbar.

Wartefrist bei Abschluss eines neuen Vertrages

Eine Wartefrist für einen neuen Konzessionsvertrag ist nach § 46 Abs. 2 EnWG (= qualifiziertes Wegerecht) vorgesehen. Danach darf erst nach Ablauf der Fristen aus Absatz 2 Satz 3 (= 30 Kalendertage) und Absatz 5 Satz 1 (= 15 Kalendertage) ein neuer Konzessionsvertrag geschlossen werden. Weiterhin sollte nach dem Bundesratsbeschluss eine Wartefrist für den Abschluss eines neuen Konzessionsvertrages vorgesehen werden, bis die gerichtlichen Verfahren abgeschlossen sind. Die Bundesregierung sah keinen Präzisierungsbedarf für Vertragssperren bis zum Abschluss des gerichtlichen Verfahrens.[24] Allerdings zeigt auch hier die Praxis, dass eine solche Vertragssperre sinnvoll gewesen wäre, wenn dies auch nicht mit derart problematischen Folgen einhergeht, wie die Streitigkeiten um die Betriebs- und Geschäftsgeheimnisse sowie die Gerichtsverfahren bezüglich der nicht abgeholfenen Rügen, wobei letzteres die Kommunen bzw. deren Berater in der Hand hätten.

Fazit

Letztendlich ist festzustellen, dass die Entscheidungen des Gesetzgebers das eine sind, aber mindestens genauso wichtig ist das, was die Adressaten bzw. deren Berater daraus machen. Der Gesetzgeber ist gehalten, allen Interessen gerecht zu werden, diese gegeneinander abzuwägen, möglichst gleichmäßig zu berücksichtigen und dabei auch noch übergeordnete Interessen wie z.B. das öffentliche Interesse an einem funktionierendem Wettbewerb[25] und selbstverständlich auch das Grundgesetz sowie europäisches (Primär-)Recht zu beachten.

Selbst wenn das gelingt, hat er es jedoch nicht mehr in der Hand, wenn das Gesetz zum Spielball der Anwender gemacht wird, weil diese allein ihren Vorteil und damit Gesetzeslücken suchen und nutzen. Diese Gefahr

23 Stellungnahme der BReg a.a.O.

24 Stellungnahme der BReg a.a.O.

25 BGH a.a.O., S. 38 (Berkenthin) und S. 30 (Heiligenhafen)

ist umso größer, als die Anwender des jeweils anzuwenden Gesetzes finanzkräftig und/oder marktmächtig genug sind.

Insofern bleibt dem Gesetzgeber die Option, die Entwicklungen der Gesetzesanwendung zu beobachten, um den Zeitpunkt zu erkennen, in dem eine korrigierende bzw. steuernde gesetzliche Aktivität sinnvoll sein kann.

In diesem Sinne ist nach der Novelle, vor der Novelle…….

Netzintegration der Elektromobilität

David Kemnitz[1]

I. Einführung

Im Rahmen der für die Reduzierung der Treibhausgasemmissionen als erforderlich angesehenen Energie- und Verkehrswende wird erwartet, dass innerhalb der nächsten Jahre ein Hochlauf der Elektromobilität erfolgen wird. Dieser Hochlauf der Elektromobilität stellt die Betreiber von Stromverteilungsnetzen vor besondere Herausforderungen, da mit dem Hochlauf der Elektromobilität auch der Ausbau einer Ladeinfrastruktur erforderlich ist. Um ein sicheres und zuverlässiges Funktionieren einer solchen Ladeinfrastruktur gewährleisten zu können, wird erwartet, dass vielerorts ein Ausbau der Stromverteilungsnetze, insbesondere in der Mittel- und Niederspannungsebene, erforderlich sein wird.

Die Consentec GmbH hat bereits mehrere Stromverteilungsnetzbetreiber (VNB) dabei unterstützt, zu untersuchen, in welchem Maße ein Ausbau der jeweiligen Verteilungsnetze erforderlich und mit welchen Kosten dieser Ausbau verbunden sein wird. Im Folgenden werden die von Consentec angewandte Methodik und die dazugehörigen Annahmen dargestellt. Untersuchungsergebnisse solcher Analysen werden anhand einer Studie dargestellt, welche Consentec für die vier VNB des E.ON-Konzerns

---

1 Dipl.-Ing. David Kemnitz ist Consultant bei Consentec GmbH.

(Avacon Netz, Bayernwerk Netz, EDIS Netz und SH Netz) erarbeitet hat und in der die Auswirkungen des Lastzuwachses infolge der Ladevorgänge auf die jeweiligen Netze isoliert, d. h. ohne weitere Einfluss weiterer Sektorkopplungsanwendungen wie zum Beispiel Wärmepumpen, betrachtet wurde. Die in dieser Studie betrachteten Versorgungsgebiete sind überwiegend ländlich geprägt.

II. Entwicklung der Elektromobilität

In Abbildung 2.1 sind unterschiedliche zeitliche Verläufe zu möglichen Entwicklungen der Elektro-PKW-Zahlen in Deutschland dargestellt. Diese wurden auf Basis von Prognosen der Beratungshäuser PwC und Deloitte erstellt. Die in den Jahren 2040 bis 2050 theoretisch erreichbare Vollelektrifizierung des PKW-Verkehrs wurde in der E.ON-Studie im Sinne eines Stresstests unterstellt, da mit dieser die größtmögliche Belastung für die Stromverteilungsnetze verbunden ist.

Abbildung 2.1: Entwicklung der Anzahlen von Elektrofahrzeugen

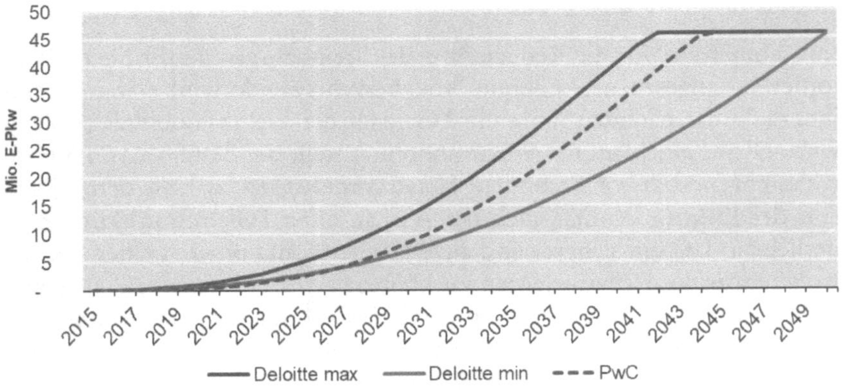

Zum 1. Januar 2019 waren in Deutschland ca. 47 Mio. PKWs zugelassen, die Anzahl der rein batterieelektrisch angetriebenen PKW betrug zu diesem Zeitpunkt ca. 83.000 (entspricht 0,18 %).

III. Annahmen zur Ladeinfrastruktur

In den Untersuchungen wird davon ausgegangen, dass die Ladeinfrastruktur sich in drei Bereiche aufteilen wird:

- Private Ladeinfrastruktur. Ladeinrichtungen an privaten Wohnhäusern, vorwiegend Wohngebäude mit 1 oder 2 Wohneinheiten (WE). Bei Vollelektrifizierung des PKW-Verkehrs wird davon ausgegangen, dass jedes dieser Wohngebäude im betrachteten Versorgungsbereich mit einer Ladeeinrichtung ausgestattet wird. Die Ladeleistung wird dabei mit einer Bandbreite von 3,7 kW („normale" Haushaltssteckdose) bis 22 kW (Wallbox) angenommen. In der E.ON-Studie wurde eine Ladeleistung von 11 kW für jede dieser privaten Ladeeinrichtungen unterstellt. Unter dieser Annahme würden deutschlandweit ca. 15 Mio. private Ladeeinrichtungen entstehen. Der Anschluss dieser Lademöglichkeiten erfolgt in der Niederspannungsebene
- Öffentliche und halböffentliche Ladeinfrastruktur: Hierunter werden Ladeeinrichtungen verstanden, die an Park- und Stellmöglichkeiten im öffentlichen Raum, also zum Beispiel öffentliche Parkplätze und -häuser sowie Parkmöglichkeiten von Supermärkten etc. Unterschieden werden dabei Standardladesäulen mit einer Ladeleistung von 22 bis 50 kW und Schnellladesäulen mit einer Ladeleistung ab 150 kW bis zu (perspektivisch) 350 kW. Unterstellt man, dass pro 10 E-PKWs je eine Standard- und je 100 E-PKW je eine Schnelladesäule errichtet wird, würden deutschlandweit ca. 3,3 Mio. öffentliche und halböffentliche Ladesäulen errichtet werden. Der Anschluss dieser Lademöglichkeiten erfolgt in der Mittel- und der Niederspannungsebene.
- Ladesäulen an Autobahnparkplätzen und Autohöfen. Es wird davon ausgegangen, dass an diesen Orten ausschließlich Schnellladeeinrichtungen mit Ladeleistungen ab 150 kW in hoher Anzahl errichtet werden. Der Anschluss dieser Lademöglichkeiten erfolgt als Direktanschluss an ein Umspannwerk (Umspannebene Hoch- zu Mittelspannung).

Darüber hinaus gehende Ladeinfrastruktur für zum Beispiel Fahrzeuge von Flottenbetreibern werden an dieser Stelle nicht gesondert betrachtet, da zum Einen davon ausgegangen wird, dass Ladevorgänge an diesen außerhalb typischer Spitzenlastzeiten (siehe folgender Abschnitt) stattfinden und zum anderen an diesen Standorten ein Lademanagement vorhanden ist, über welches die einzelnen Fahrzeuge innerhalb der Fahrzeugstandzeiten nacheinander geladen werden um die Netzbelastung gering zu halten. Weitere Typen von Ladeeinrichtungen für zum Beispiel die Fahrzeuge des

ÖPNV fallen eher in den Bereich von Einzelfallbetrachtungen und sind zudem in den hier betrachteten ländlichen Versorgungsbereichen von eher untergeordneter Bedeutung.

IV. Gleichzeitigkeiten von Ladevorgängen

Neben der Anzahl der Ladeeinrichtungen und den zugehörigen Ladeleistungen ist die Anzahl der gleichzeitig stattfindenden Ladevorgänge eine Größe, welche den Netzausbaubedarf in relevantem Maße beeinflusst.

Zur Abbildung der Gleichzeitigkeit von Ladevorgängen an Heimladepunkten ist bei Consentec ein wahrscheinlichkeitsbasiertes Rechenmodell entwickelt worden. Folgende Annahmen werden hierbei als Eingangsparameter verwendet:

- 50 % der im betrachteten Versorgungsbereich zugelassenen Fahrzeuge werden gleichverteilt innerhalb von zwei Stunden geladen. Üblicherweise sind dies die zwei Stunden des „typischen Feierabenzeitfensters" zwischen 17:00 Uhr und 19:00 Uhr. Die restlichen 50 % der Fahrzeuge werden gleichverteilt über den gesamten Tag geladen (ein Teil dieser Ladevorgänge fällt also auch in den Bereich der „kritischen zwei Stunden"). Dass nur 50 % der Fahrzeuge innerhalb von zwei Stunden geladen werden, beruht auf der Annahme, dass nicht alle PKW von Arbeitnehmern gefahren werden, die in einem „Nine-to-Five-Job" arbeiten, sondern dass Teilzeitkräfte, Schichtarbeitende und die nicht arbeitende Bevölkerung nur zum Teil im genannten Zwei-Stunden-Fenster lädt.
- Die Ladedauer der Fahrzeuge beträgt ca. 45 min. Diese Ladedauer beruht auf der durchschnittlichen Fahrleistung von ca. 45 km/Tag, einem Durchschnittsverbrauch von 15 kWh/100 km bei einer Ladeleistung von 11 kW. und der Annahme, dass Ladevorgänge nicht über die gesamte Dauer des Ladevorgangs mit konstanter Leistung durchgeführt werden, sondern dass diese zu Ende des Ladevorgangs geringer wird, um die Akkumulatoren der Fahrzeuge nicht übermäßig zu beanspruchen.
- Die Ladevorgänge finden ungesteuert statt. Das heißt, dass die Ladevorgänge in dem Moment gestartet werden, in dem die Fahrzeugnutzer das Fahrzeug mit der Ladeeinrichtung verbinden. Der Einfluss von Ladesteuerungen wird in Abschnitt 6 dargestellt.

In dem Rechenmodell weiterhin berücksichtigt wird die jeweils betrachtete Kollektivgröße, das heißt die Anzahl der Ladepunkte im jeweils betrachten Bereich und der jeweils betrachteten Spannungsebene. Die Wahrscheinlichkeit für gleichzeitig stattfindende Ladevorgänge sinkt bei steigender Kollektivgröße aufgrund der Durchmischung des Nutzerverhaltens. Somit ergeben sich für die jeweiligen Spannungsebenen unterschiedliche Gleichzeitigkeiten, da in der Mittelspannungsebene mehr Anschlüsse wirksam sind, als in den unterlagerten Niederspannungsabgängen.

Unter den oben geschilderten Annahmen ergibt sich somit für die Ladevorgänge der Heimlader in der Niederspannungsebene eine Gleichzeitigkeit von ca. 40 % und in der Mittelspannungsebene von ca. 20 %.

Für öffentliche und halböffentliche Ladeeinrichtungen wird eine Gleichzeitigkeit von 70 % bis 80 % für Standardladepunkte und von 80 % bis 90 % für Schnellladepunkte unterstellt. Diese Werte beruhen auf der Annahme, dass die „kritischen zwei Stunden“ Stoßzeiten für die öffentlichen Ladepunkte darstellen. Eine Gleichzeitigkeit von 100 % ist aber dennoch nicht anzunehmen, da „Totzeiten“ durch das Anfahren und Verlassen der Ladesäulen sowie die Anmeldung und Initialisierung der Ladevorgänge entstehen.

V. Kostenwirkungen am Beispiel der E.ON-Studie

Mit Hilfe der in den Kapiteln 2 bis 4 dargestellten Annahmen und Ansätzen wurden in der E.ON-Studie Lastzuwächse für alle (ca. 4.000) Gemeinden in den Versorgungsbereichen der vier VNB ermittelt. Die hierfür erforderlichen Anzahlen der zugelassenen PKWs und der jeweiligen Gebäudestruktur wurde öffentlichen Quellen (Kraftfahrtbundesamt und regionalstatistik) entnommen. Diese Lastzuwächse wurden in vereinfachte Netzmodelle der jeweiligen Verteilungsnetze implementiert. Die vereinfachten Netzmodelle bilden dabei nicht 1:1 die tatsächliche Netzstruktur ab, sondern es werden relevante Strukturparameter wie Anzahl der Hausanschlüsse, Leitungslängen, Anzahl von Ortsnetzstationen (ONS), Anzahl Niederspannungsabgänge der ONS-Bereiche und installierte Transformatorleistungen in typisierte Netzmodelle aufgenommen. Mit diesen Modellen wurde ermittelt, bei wie vielen Betriebsmitteln in den Versorgungsbereichen durch den elektromobilitätsbedingten Lastzuwachs Verletzungen der technisch zulässigen Grenzwerte verursacht werden. Die Anzahl und Länge derjenigen Betriebsmittel, deren technischen Grenzwerte verletzt wurden, wurde mit Hilfe von spezifischen Kostenansätzen monetär bewertet und die Ergebnisse die Berechnungen wurden für alle Gemeinden aufsummiert.

Abbildung 5.1: Zusatzkosten für den Netzausbau aufgrund der Elektromobilität für die vier Verteilungsnetzbetreiber des E.ON-Konzerns unter Annahme einer Vollelektrifizierung des PKW-Verkehrs und ungesteuerten Ladeverhalten.

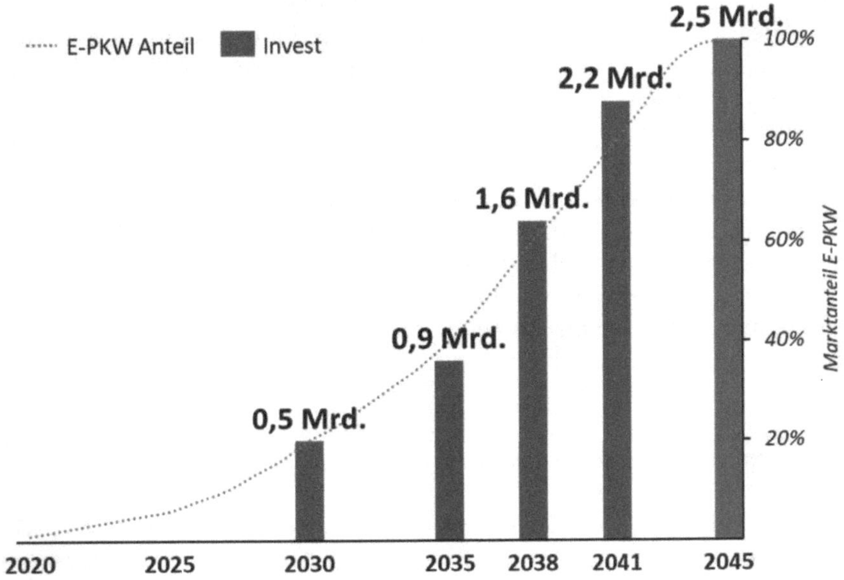

Das Ergebnis dieser Berechnungen ist in Abbildung 5.1 dargestellt. Insgesamt werden bis 2050 ca. 2,5 Mrd EUR zusätzlich für den E-Mobilitäts-bedingten Ausbau der Mittel- und Niederspannungsnetze benötigt. Dabei ist bereits berücksichtigt, dass auch ohne den Ausbau einer Ladeinfrastruktur Kosten für die altersbedingte Erneuerung von Betriebsmitteln entstehen. Im Rahmen einer vorausschauenden Netzplanung sollten die betroffenen Betriebsmittel beim altersbedingten Ersatz entsprechend stärker dimensioniert werden, so dass die Verteilungsnetze mit vertretbaren planungstechnischen Zusatzaufwand auf den E-Mobilitäts bedingten Lastzuwachs ausgelegt werden können.

In den Konzessionsgebieten der vier VNB sind heute ca. 6,5 Mio. PKWs zugelassen. Somit entstehen für den E.ON-Konzern Kosten in Höhe von ca. 400 E pro Fahrzeug für den elektromobilitätsbedingten Netzausbau.

VI. Einfluss der Ladesteuerung

Neben dem ungesteuerten Ladeverhalten wurde in der E.ON-Studie auch der Einfluss von Ladesteuerungen untersucht. Dabei wurden zwei grundsätzlich verschiedene Formen der Ladesteuerung analysiert:

- Netzdienliche Ladesteuerung. Hierbei wird angenommen, dass Netzbetreiber die Startzeitpunkte der Ladevorgängen in dem Sinne beeinflussen können, dass die gleichzeitige Anzahl von Ladevorgängen in einem Netzbereich reduziert und somit die Netzbelastung niedrig gehalten werden kann, womit der erforderliche Netzausbaubedarf reduziert wird.
- Marktorientierte Ladesteuerung. Hierbei wird angenommen, dass über entsprechende Anbieter die Möglichkeit geschaffen wird, Elektrofahrzeuge zu den Zeitpunkten niedriger Strompreise zu laden. Unter der Annahme, dass entsprechend viele Fahrzeugnutzer derartige Angebote nutzen, um Ladekosten möglichst niedrig zu halten, werden sehr hohe Gleichzeitigkeiten erreicht. Zwar ist zu erwarten, dass günstige Strompreise selten im „typischen Feierabendfenster" auftreten, aber bei einer Vollelektrifizierung des PKW-Verkehrs ist damit zu rechnen, dass auch außerhalb der typischen Spitzenlastzeiten die Netzbelastung durch marktorientierte Ladevorgänge so hoch wird, dass Überlastungen von Betriebsmitteln verursacht werden.

Der Einfluss auf die fahrzeugbezogenen Kosten dieser Ladesteuerungsmechanismen ist in Abbildung 6.1 dargestellt. Unter Annahme einer netzdienlichen Ladesteuerung werden die Kosten für den elektromobilitätsbedingten Netzausbau um ca. 55 % gesenkt, wohingegen die Kosten bei einer marktorientierten Steuerung verdoppelt werden.

Das Einsparpotential in Bezug auf die Netzkosten bei einer netzdienlichen Steuerung erscheint zunächst sehr hoch. Es muss jedoch berücksichtigt werden, dass in diesen Kosten ausschließlich die Kosten für die Primärtechnik enthalten sind. Kosten für die Errichtung einer kommunikations- und informationstechnischen Infrastruktur (welche für jede Art von Steuerung zwangsläufig geschaffen werden muss) sind hierin noch nicht enthalten. Weiterhin muss berücksichtigt werden, dass die Voraussetzung für die Steuerung, sofern durch gesetzliche Regelungen nicht anders vorgegeben, die Akzeptanz und die Bereitschaft der Fahrzeugnutzer ist, sich steuern zu lassen. Aus rein wirtschaftlicher Perspektive erscheint eine Anreizwirkung von insgesamt 220 € pro Fahrzeug bis 2050 als eher gering.

Abbildung 6.1: Kostenwirkung von Ladesteuerungsmechannismen pro Elektrofahrzeug bis 2050 bei Vollelektrifizierung des PKW-Verkehrs

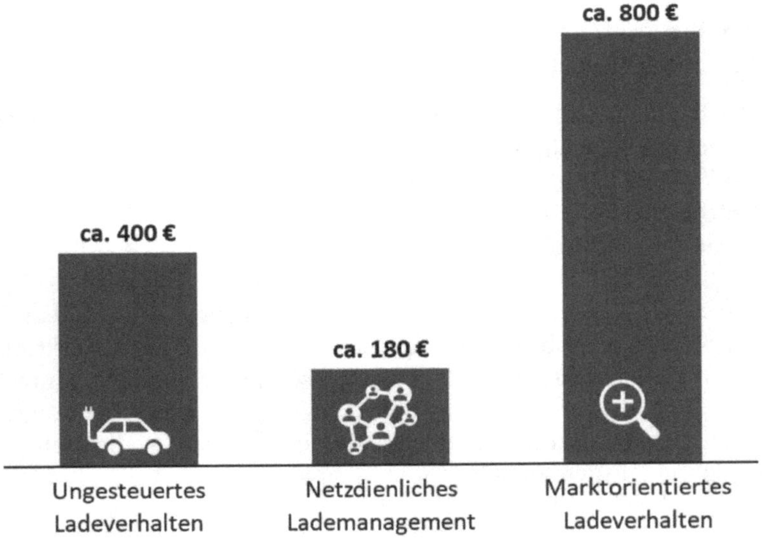

VII. Fazit

Durch den zu erwartenden steigenden Anteil von Elektrofahrzeugen in Deutschland und den damit verbundenen Ausbau der Ladeinfrastruktur und der resultierenden Lastzuwächse werden Netzausbaumaßnahmen in den Verteilungsnetzen in Deutschland erforderlich sein.

Unter den oben geschilderten Annahmen wurden für vier ländliche Verteilungsnetzbetreiber Netzausbaukosten in Höhe ca. 400 € pro Fahrzeug bis 2050 unter Annahme der Vollelektrifizierung des PKW-Verkehrs bei ungesteuerten Ladevorgängen für den elektromobilitätsbedingten Ausbau der Mittel- und Niederspannungsebene ermittelt.

Durch netzdienliche Ladesteuerungsmaßnahmen können diese Netzausbaukosten um. 55 % auf ca. 180 € pro Fahrzeug gesenkt werden. Bis 2050 erscheinen die dadurch resultierenden Anreizwirkungen für Fahrzeugnutzer, eine externe Steuerung ihrer Ladevorgänge zuzulassen eher gering. Dennoch wird die Einrichtung von Ladesteuerungsmaßnahmen als sinnvoll erachtet, um im Fall von drohenden Netzüberlastungen den Netzbetreibern Eingriffsmöglichkeiten zu bieten, mit deren Hilfe Überschreitungen von technischen Grenzwerten, überlastbedingten Stromausfällen und im Extremfall Schäden an Betriebsmitteln zu verhindern.

Öffentliche Ladeinfrastruktur – Eine Aufgabe des Verteilnetzbetreibers?

Markus Adam, LL.M.[1]

Teil des „*Clean Energy Package*“ der Europäischen Union war auch eine Neufassung der Richtlinie für den Binnenmarkt Strom, nunmehr unter der Nummerierung 2019/944. In der neuen Richtlinie Strom finden sich nun zum ersten Mal auch Regelungen zum Verhältnis von Stromnetz und Ladesäulen. In Artikel 33 Absatz 1 ist klar geregelt, dass Verteilnetzbetreiber und Ladesäulenbetreiber personenverschieden sind und in Absatz 2 wird Verteilnetzbetreibern darüber hinaus auch untersagt, eigene Ladepunkte zu betreiben, es sei denn, diese sind für den Eigenverbrauch bestimmt. Die europäische Richtlinie geht also klar von einem Wettbewerbsmarkt für Ladesäulenbetreiber aus, in dem sich Unternehmen verschiedenster Branchen einen Wettbewerb um die Errichtung und den Betrieb von Ladesäulen liefern. Doch gibt es diesen Wettbewerb der Ladesäulenanbieter tatsächlich?

---

1 Markus Adam, LL.M. ist Rechtsanwalt und Leiter Recht bei LichtBlick SE.

I. Die Marktteilnehmer

Die bundesweite Marktaufteilung für entgeltliche AC-Ladesäulen nach Art des Betreibers zeigt eine Dominanz der Energieversorger.

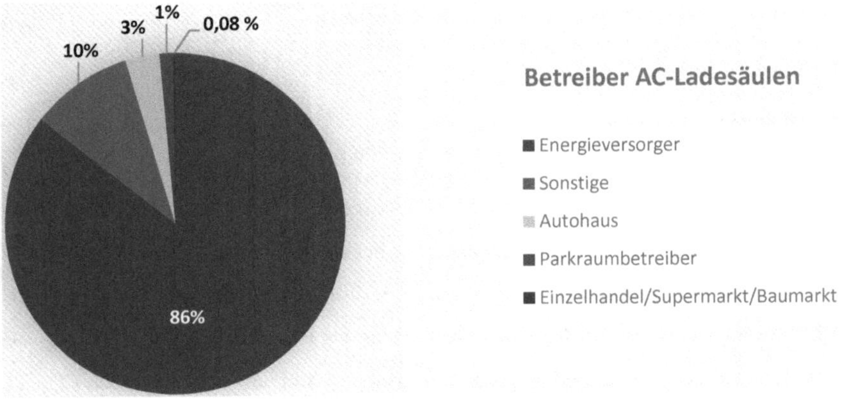

Quelle: Ladesäulenverzeichnis der BNetzA, eigene Recherchen, Stand April 2019

Die Dominanz der Energieversorgungsunternehmen (EVU) ist wenig überraschend, da es sich bei den Ladesäulen um den *Verkauf von Elektrizität an Letztverbraucher* – die Fahrzeugfahrer – handelt. Es betrifft somit das *Kerngeschäft der EVU*. Die Webseite des BDEW, dem größten Branchenverband der Energieunternehmen, spiegelt dieses Selbstverständnis wider: „Wir bringen die Energiewende in den Verkehrssektor" oder auch „Energiewirtschaft bereitet den Weg für Elektromobilität" heißt es dort.[2] Es zeigt sich, dass die Grundannahme einiger Stakeholder, es gäbe zwischen zahlreichen verschiedenen Anbietern einen Wettbewerb bei der Errichtung und dem Betrieb von Ladesäulen,[3] nicht zutrifft: Ladesäulen sind, bis auf wenige Ausnahmen, ein Geschäft der Energieversorger.

2 BDEW, https://www.bdew.de/energie/elektromobilitaet-dossier/; zuletzt abgerufen am 09.02.2020.

3 Derzeit geht die Bundesregierung nach wie vor von einem Wettbewerbsmarkt aus, beispielsweise in der Förderrichtlinie Ladeinfrastruktur für Elektrofahrzeuge in Deutschland, vgl. S. 2; https://www.bmvi.de/SharedDocs/DE/Anlage/G/konsolidierte-foerderrichtlinie-lis-29-06-2017.pdf?__blob=publicationFile; zuletzt abgerufen am 09.02.2020.

II. Marktsituation

Der Umstand, dass an Ladesäulen Elektrizität an Letztverbraucher verkauft wird, kann für sich genommen schon die dominierende Stellung der Energieversorger auf dem Markt für Ladesäulen erklären. So waren Apotheken anfangs noch der Lieferant für das Benzin der aufkommenden Motorwagen im 19. und 20. Jahrhundert, doch schnell übernahmen die Mineralölunternehmen, für die der Verkauf von Benzin an Autofahrer eine logische Weiterentwicklung der Wertschöpfungskette war, diesen neuen Markt.[4] Doch neben dem Umstand, dass der Verkauf von Strom zum Kerngeschäft der Energieversorger zählt, gibt es weitere ökonomische und tatsächliche Effekte, die hier greifen: So bekommt das EVU, das im Verbund auch das Verteilnetz betreibt, durch die Konzessionsvergabe auch Zugriff auf die notwendigen öffentlichen Flächen für die Ladesäulen – der Wettbewerber typischerweise nicht. Die Konzessionsvergabe erfolgt manchmal mit dem Stromnetz, manchmal in separaten Verträgen und mittlerweile auch hin und wieder per Ausschreibung.[5] Ein starker ökonomischer Effekt sind die Verbundvorteile mit Netz, die das örtliche EVU geltend machen kann, die zu einem Kostenvorteil und damit letztlich zur Marktbeherrschung führen. Die Kostenvorteile entstehen durch die unmittelbare Kenntnis des Verteilnetzes (Inhouse-Abstimmung und dadurch schnellerer und kostengünstigerer Anschluss der Ladesäulen) und auch Fixkosten für IT und Personal können effizienter (parallel für Netz und Ladesäulen) genutzt werden. Das führt im Ergebnis zu fallenden Durchschnittskosten (Skalenvorteile), d.h. die örtlichen EVUs werden zum Kostenführer, Drittanbieter können diese Kosten nicht unterbieten. Zusätzlich gibt es Netzwerkeffekte, so wird der E-Fahrer tendenziell eher bei seinem lokalen Stromanbieter mit den meisten Ladesäulen seine Ladeapp/Ladekarte beziehen, erhält er so doch die beste Abdeckung. Die Kombination aus Verbund-, Skalen- und Netzwerkeffekten führt zur Dominanz der örtlichen Energieversorger bei der öffentlichen Ladeinfrastruktur.[6]

---

4 Magazin Monumente, https://www.monumente-online.de/de/ausgaben/2015/4/der-preis-der-freiheit.php#.XkA8DRcxmi4; zuletzt abgerufen am 09.02.2020.

5 Monopolkommission, 7. Sektorgutachten Energie „Wettbewerb mit neuer Energie", 2019, S. 110f.

6 ausführlich dazu Markus Adam, E-Mobilität beschleunigen, 2016, S. 113ff.

Der Ladesäulen-Check von LichtBlick zeigt diese lokale Dominanz für ausgewählte Regionen in Deutschland:

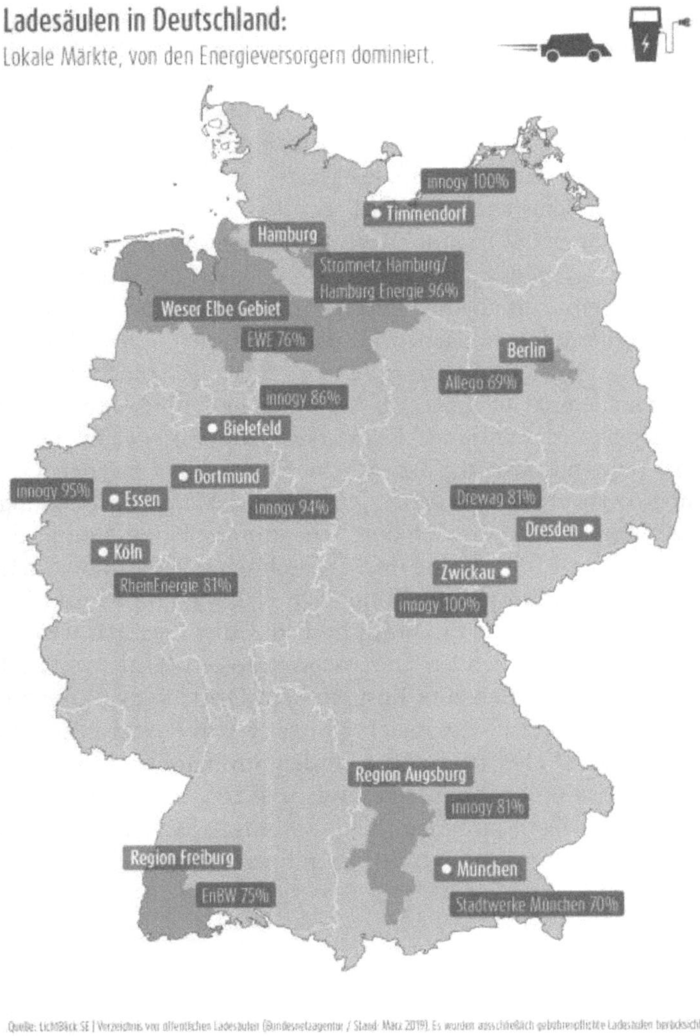

Quelle: LichtBlick SE, https://www.lichtblick.de/presse/news/2019/06/26/lades%C3%A4ulencheck-2019-kampf-um-vormachtstellung-auf-kosten-der-verbraucher/

Diese Auswertung legt nahe, dass die Errichtung der Ladesäulen eng mit dem örtlichen Verteilnetz zusammenhängt, denn all diese Ladesäulenbetreiber sind Teil des Konzerns, dem auch der Betreiber des jeweiligen örtlichen Verteilnetzes angehört.[7] Und so zeigen empirische Befunde, dass es offensichtlich starke Verbundvorteile mit dem örtlichen Verteilnetz geben muss:

- Beispiel Hamburg: Grundversorger im Stadtgebiet Hamburg ist Vattenfall, die Ladesäulen werden jedoch vom Verteilnetzbetreiber Stromnetz Hamburg GmbH betrieben.
- Beispiel Timmendorfer Strand: Grundversorger ist hier die E.ON, die Ladesäulen werden jedoch von innogy, der Muttergesellschaft des örtlichen Verteilnetzbetreibers Westnetz, betrieben.
- Beispiel Hannover: Der Betrieb der öffentlichen Ladesäulen wurde europaweit ausgeschrieben, den Zuschlag erhielt die enercity AG, die über ihre Tochter enercity Netz GmbH auch das örtliche Verteilnetz in Hannover betreibt.
- Beispiel Essen: innogy betreibt von 69 von 71 entgeltlichen AC-Ladesäulen, obwohl der Ladesäulenbetrieb in Essen für einzelne Stadtbezirke ausgeschrieben wird.
- Beispiel Berlin: Der Betrieb der öffentlichen Ladesäulen erfolgt nicht durch den örtlichen Versorger und der Ladesäulenbetreiber ist auch nicht mit dem örtlichen Verteilnetzbetreiber in irgendeiner Form verbunden. Der Ausbau ist deutlich langsamer als z.B. in Hamburg (Stand April 2019: 573 AC-Ladepunkte in Berlin und 831 AC-Ladepunkte in Hamburg). Dies kann jedoch auch als Indiz für die Verbundvorteile zwischen Ladesäulenbetrieb und Verteilnetzbetrieb herangezogen werden: In Berlin fehlen die Verbundvorteile und der Ausbau ist daher langsamer als andernorts.

III. Lokale Märkte

Auffällig ist darüber hinaus die Ausbildung lokaler Märkte, die sich jedoch anhand des Nachfrageverhaltens der Käufer, ganz im Sinne des Bedarfsmarktkonzepts des Bundesgerichtshofs, erklären lässt.[8] Auch an dieser Stelle muss man mit dem weithin strapazierten Vergleich mit den Tankstellen brechen: Öffentliche Ladesäulen sind *nicht* mit Tankstellen vergleichbar, denn Ladekunden zeigen ein anderes Nachfrageverhalten als Tankkunden,

7 Mit der Ausnahme von Berlin, hier wurde bekanntlich der Ladesäulenbetrieb ausgeschrieben.

8 BGH, Beschl. vom 06.12.2011, KVR 95/10, Rn 27.

die Märkte für Ladesäulen sind dadurch lokal. Bei Tankkunden wird ein Ausweichradius von ca. 30 Minuten angenommen. Dieser Radius definiert den regionalen Markt für Tankstellen.[9] Der Ladekunde hat einen solchen Ausweichradius von 30 Minuten aus zwei Gründen nicht: Aufgrund der geringen Reichweite der Batterie im Vergleich zum Verbrenner wird der Ladekunde keine 30 Minuten nach einer alternativen Ladesäule suchen. Typischerweise gibt es auch keine alternativen Anbieter in diesem Radius. Anders als bei einem Verbrenner, muss das E-Fahrzeug immer geparkt werden – mindestens 20 min bei Gleichstromladesäulen und deutlich länger bei Wechselstromladesäulen. Indizien für diesen lokalen Radius sind diverse Ausschreibungen, die auch von wenigen hundert Metern, so in Berlin[10], oder von Stadtteilen ausgehen, so z.B. in Essen.[11]

IV. Zwischenfazit: Lokale Märkte, von den örtlichen EVUs dominiert

Aus ökonomischen Gründen ist der Verteilernetzbetreiber somit prädestiniert für den Ausbau der öffentlichen Ladesäulen. Die lokale Monopolbildung bei der öffentlichen Ladeinfrastruktur bedeutet hierbei kein Unwerturteil, sondern zeigt lediglich die ökonomischen Effizienzen auf. Mit anderen Worten: Der Verteilernetzbetreiber kann es besser als jeder andere!

Ein signifikanter Markteintritt von Dritten, die keine EVUs sind, ist bislang ausgeblieben und steht in Anbetracht der empirischen Daten und der ökonomischen Effekte auch nicht zu erwarten. Dies deckt sich mit den Erfahrungen anderer Staaten. So war der Ladesäulenbetrieb in Kalifornien im Jahr 2011 den EVUs untersagt, im Jahr 2014 wurde er fallspezifisch erlaubt und seit 2016 ist er verpflichtend für die EVUs.[12]

9 BGH, aaO, Rn 33ff.

10 In Berlin wurden Suchradien von wenigen hundert Metern Umkreis ermittelt, siehe Ladeinfrastrukturbüro Berlin, Arbeitshilfe für die Ladeinfrastrukturerweiterung, S. 4, https://www.berlin.de/senuvk/verkehr/planung/e_mobilitaet/download/Leitfaden_Ladeinfrastrukturerweiterung.pdf, zuletzt abgerufen am 09.02.2020.

11 Stadt Essen, https://www.essen.de/rathaus/aemter/ordner_66/Elektro-LadeinfrastrukturVerfahren.de.html; zuletzt abgerufen am 09.02.20020.

12 RAP, Elektrofahrzeuge, Ladeinfrastruktur und das Stromsystem in Kalifornien, https://www.raponline.org/knowledge-center/elektrofahrzeuge-ladeinfrastruktur-kalifornisches-stromsystem; zuletzt abgerufen am 09.02.2020.

V. Die Ausnahmevorschrift in Art. 33 Abs. 3 der Richtlinie 2019/944

Die Richtlinie weicht in Art. 33 Abs. 3 vom Leitbild des Wettbewerbs der Ladesäulenbetreiber ab und sieht unter engen Voraussetzungen eine Ausnahme vom Verbot des Ladesäulenbetriebs durch VNB vor. Die Voraussetzungen sind:

- ein offenes, transparentes und diskriminierungsfreies Ausschreibungsverfahren sowie
- Überprüfung und Genehmigung des Ausschreibungsverfahrens vorab durch die Regulierungsbehörde und
- keine Zuschlagserteilung für Nicht-Verteilnetzbetreiber oder
- die Gewinner des Ausschreibungsverfahrens konnten diese Leistungen nicht zu angemessenen Kosten und nicht rechtzeitig erbringen.

Sind diese Voraussetzungen erfüllt, darf der Verteilernetzbetreiber die Ladepunkte betreiben, muss allerdings Netzzugang gemäß Art. 6 der Richtlinie gewähren. Doch wie ist die aktuelle Situation mit Blick auf die Kosten und die rechtzeitige Leistungserbringung zu bewerten?

VI. Kosten: Genau wie im Telekom-Sektor - Roaming ist teuer!

Das Roaming-Modell als derzeit einziges Zugangsmodell führt zu hohen Kosten für die Verbraucher und zu einer echten Markteintrittsbarriere für Drittanbieter. In der nachfolgenden Grafik sind die Kosten für eine Haushaltsstromlieferung, theoretische Kosten für das Laden an der Ladesäule nach dem Netzzugangsmodell und der aktuelle Tarif der SWM für das Laden an den SWM-Ladesäulen für SWM-Kunden dargestellt. Der letzte Balken zeigt die Kosten eines Drittanbieters (hier: LichtBlick) über Roaming an einer SWM-Ladesäule in München.

Es zeigt sich, dass die Roaming-Lösung eine massive Kosten-Preis-Schere bei den Drittanbietern auslöst. Mit anderen Worten: Drittanbieter werden nie mit den örtlichen Betreibern der Ladesäulen konkurrieren können. Es liegt eine Hardcore-Beschränkung im kartellrechtlichen Sinn vor. Der Ladesäulenanbieter erzielt zusätzlich rund 1,33 Cent/kWh über den Verkauf von CO2-Credits gemäß der 38. BImschV, der Drittanbieter hingegen nicht – obwohl der Kunde des Drittanbieters lädt! Insoweit sind Zweifel angebracht, ob die Ladesäulenbetreiber die Leistungen an der Ladesäule gemäß Art. 33 Abs. 3 der Richtlinie 2019/944 zu „angemessenen Kosten" anbieten.

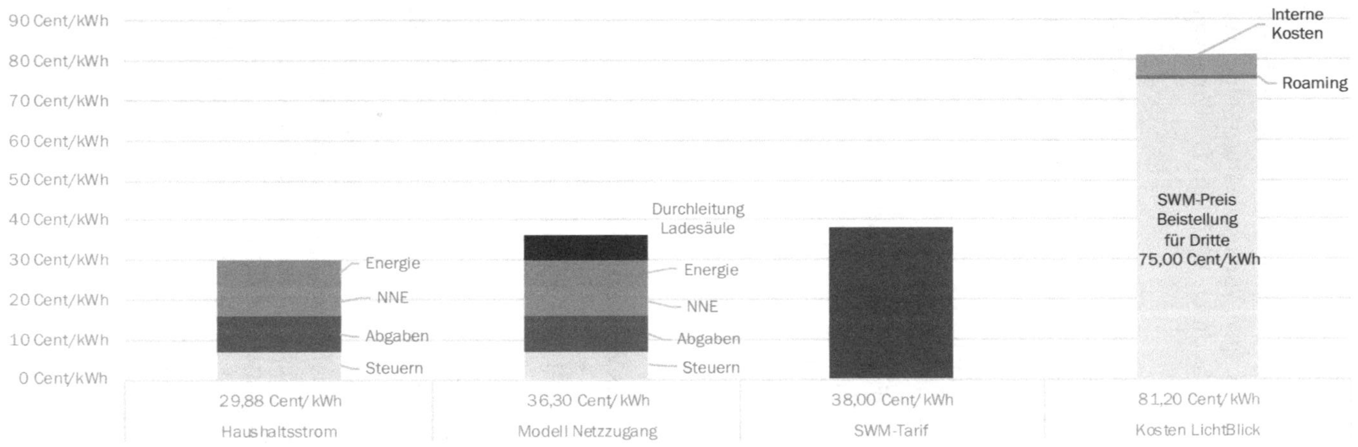

Quellen: BNetzA Monitoringbericht 2018; Kosten für die Ladesäule eigene Berechnung; SWM-Webseite und iOS-App von NewMotion; Stand: 19.09.2019

VII. Rechtzeitige Leistungserbringung: Der aktuelle Stand des Ausbaus der Ladeinfrastruktur

Weiterhin fordert Art. 33 Abs. 3 der Richtlinie 2019/944, dass die Leistungen „rechtzeitig“ erbracht werden müssen. Dies bedeutet, dass ausreichend Ladesäulen vorhanden sein müssen. Ein Blick auf die Zahlen zum Ausbau der AC-Ladepunkte in den letzten Jahren zeigt, dass es ohne Förderung keinen ausreichenden Ausbau gibt:

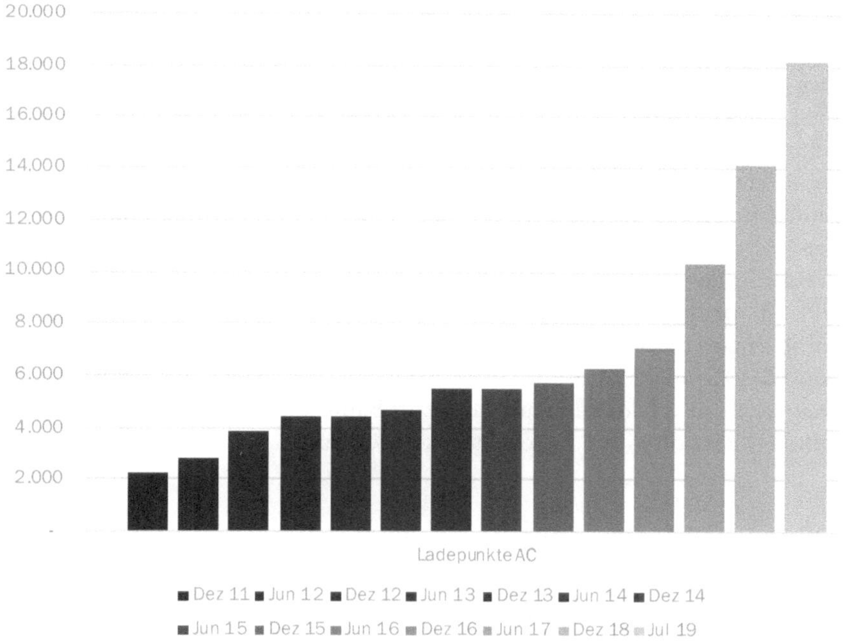

Quelle: BDEW

Bislang gab es vier Aufrufe zur Förderung des Aufbaus von Ladeinfrastruktur für Elektrofahrzeuge mit einem Gesamtfördervolumen von bis zu 300 Millionen EUR. Die staatliche Förderung bewirkte immerhin mehr als eine Verdopplung der Ladepunkte. Die staatliche Förderung hilft also, ist aber ineffizient. Die max. 3.000 EUR Förderung pro Ladesäule gehen zu einem großen Teil an Roaming-Anbieter, z.B. Hubject.

Im Verhältnis zu den Zulassungszahlen für E-Fahrzeuge zeigt sich jedoch eine Verschlechterung der Abdeckung, der Aufbau verlangsamt sich:

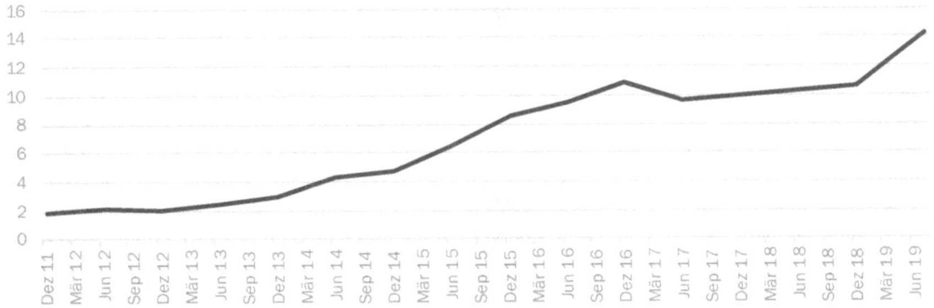

Quelle: BDEW und KBA

Der Ausbau ist auch gemessen an den europäischen Vorgaben zu langsam: Im Juli 2019 waren laut BDEW rund 18.000 AC-Ladepunkte (20.650 inkl. Schnellladern) errichtet. Die EU-Kommission schlägt hingegen 150.000 Ladepunkte ab 2020 vor.[13] Darüber hinaus droht die EU-Kommission mit der Einleitung eines Vertragsverletzungsverfahrens gegen Deutschland wegen der fehlenden Umsetzung der Richtlinie 2014/94/EU. Auch dies ist ein Indiz dafür, dass aktuell der Ausbau nicht schnell genug vorankommt. Dies alles ist vor dem Hintergrund der Bedeutung der öffentlichen Ladesäulen völlig unzureichend. Die öffentliche Ladeinfrastruktur ist immens wichtig, denn die Wohneigentumsquote beträgt 51 %, d.h. mindestens jeder zweite Deutsche kann nicht zu Hause laden. In Ballungsgebieten ist der Mieteranteil deutlich höher und die öffentliche Ladesäule daher um so wichtiger.

VIII. Fazit: Ladesäulen sind teuer und selten.

Der langsame Ausbau des Ladenetzes (trotz Förderung) und die teuren Preise erfüllen also schon jetzt den Tatbestand des Art. 33 Abs. 3 der Richtlinie 2019/944. Es gibt keinen Wettbewerb zwischen den Ladesäulen oder an der Ladesäule, sondern der Betreiber legt den jeweiligen Preis fest. Die Ladetarife sind immer noch intransparent und zum Teil deutlich überhöht. Die reine Anzahl der Ladepunkte ist zu gering. Ländliche Gebiete sind bisher kaum erschlossen und der Ausbau erfolgt nur durch zusätzliche öffentliche Förderung.

13 Europäische Kommission, Pressemitteilung vom 24. Januar 2013, http://europa.eu/rapid/press-release_IP-13-40_de.htm; zuletzt abgerufen am 09.02.2020.

Eine rechtzeitige Leistungserbringung oder eine Erbringung zu angemessenen Kosten gemäß Art. 33 Abs. 3 der Richtlinie liegen damit nicht vor.

IX. Der nächste Schritt: Die Ausschreibungsbedingungen

Die Ausnahmevorschrift in Art. 33 Abs. 3 verlangt nach einer Ausschreibung und dies wirft wiederum spannende rechtswissenschaftliche Fragen auf. So soll die Ausschreibung durch den Verteilernetzbetreiber und nicht etwa durch die Kommune erfolgen. Indem die Vorschrift regelt, dass die Ausschreibung durch den Verteilernetzbetreiber erfolgen soll, wird damit impliziert, dass öffentliche Ladesäulen ein Teil des Netzes sind oder jedenfalls mit diesem assoziiert sind? Dem wird man technisch und ökonomisch ohne weiteres zustimmen können: Verbraucher sind die ladenden Fahrzeuge, d.h. die Ladesäule dient der Weiterleitung und Abgabe von Strom an eine unbestimmte Anzahl von Personen - die Ladesäule als Steckdose zum Netz. Verteilung ist gemäß § 3 Nr. 37 EnWG definiert als „der Transport von Elektrizität ..., um die Versorgung von Kunden zu ermöglichen, jedoch nicht die Belieferung der Kunden selbst". Dabei ist der Begriff des Netzes aus der Perspektive des Kunden, also desjenigen, der mit Strom beliefert wird, zu sehen, vgl. BGH EnVR 68/10. Somit stellt sich die Frage: Was wird dann in rechtlicher Hinsicht eigentlich ausgeschrieben, also welches Recht wird vergeben? Ist dies quasi eine Untervergabe des Netzbetriebs oder (nur) eine privilegierte Vergabe von Netzanschlüssen für Ladesäulen?

X. Hoc censeo, et Carthaginem esse delendam!

Aus deutscher Sicht ist es die Regelung in § 3 Nr. 25, 2. Halbsatz EnWG, die den Blick auf die Netzzugangslösung an den Ladesäulen verstellt. Bezeichnenderweise verstößt diese Regelung gegen die Begriffsdefinition in Art. 2 Nr. 3 Richtlinie (EU) 2019/944 und auch der vorangegangenen Richtlinien zum Binnenmarkt Strom. Der dort verwandte Begriff des „Letztverbrauch" ist ein Synonym für den „Eigenverbrauch" im Sinne von Art. 2 Nr. 3 Richtlinie (EU) 2019/944. Nur wer Elektrizität für den Eigenverbrauch kauft, ist ein Endkunde/Letztverbraucher (*„final customer"*). Nach der Rechtsprechung des BGH ist Letztverbrauch ein Verbrauch, der zu einer Energieumwandlung führt. An der Ladesäule wird aber – abzüglich der Leitungsverluste - Strom nur weitergeleitet und nicht umgewandelt. Die Ladesäule dient aber ausschließlich der Weiterleitung und dem Verkauf von Strom und nicht als Parkplatz o.ä. (wer parkt, ohne zu Laden, bekommt ein Bußgeld). Der Verbrauch im Sinne der Umwandlung findet technisch und tatsächlich im Fahrzeug statt. Dort ist der Wechselrichter AC/DC verbaut, mit dessen Hilfe der Wechselstrom im Fahrzeug zu Gleichstrom für die Batterie umgewandelt wird. Danach wird der Strom dann in kinetische Energie zur Fortbewegung sowie für die In-Car-Versorgung (Entertainment, Navi, Heizung) umgewandelt. Da also gerade kein Eigenverbrauch an der Ladesäule vorliegt, ist die Regelung in § 3 Nr. 25, 2. Halbsatz EnWG europarechtswidrig.

XI. Ausblick: Artikel 33 Abs. 3 etabliert den Netzzugang an der Ladesäule

Mit der Ausnahmeregelung in Art. 33 Abs. 3 und den Verweis auf die Gewährung des Netzzugangs gemäß Art. 6 findet nun zum ersten Mal das Durchleitungsmodell Erwähnung in energierechtlicher Hinsicht. Obwohl Art. 33 in Absatz 2 als Verbotsnorm auftritt, wird nun dogmatisch das Fundament für eine Netzzugangsgewährung an der öffentlichen Ladesäule gelegt. Dies gilt erst recht in der Zusammenschau mit Art. 3 und 4 der Richtlinie (EU) 2019/944. Art. 3 der Richtlinie verlangt einen diskriminierungsfreien Wettbewerb im Strommarkt und Art. 4 der Richtlinie normiert die freie Lieferantenwahl im Strommarkt. Bis auf die Ausschreibung liegen die Voraussetzungen gemäß Art. 33 Abs. 3 der Richtlinie 2019/944 liegen vor. Kartellrechtlich lässt sich der Netzzugang jetzt schon durchsetzen, sind doch Drittanbieter im Weg der Beistellung einem Margin Squeeze ausgesetzt.

Der energierechtlicher Netzzugang, der nun in Art. 33 Abs. 3 dem Grunde nach Eingang gefunden hat, bietet für alle Stakeholder deutliche Vorteile gegenüber dem aktuellen Roaming-/Beistellungsmodell. Regulierte Durchleitungsentgelte für die Ladesäule gewähren den Ladesäulenbetreibern eine gute Rendite und sichern so den Ausbau der Ladeinfrastruktur ohne staatliche Förderung. Eine perspektivische Finanzierung über Netzentgelte ist gegenüber den derzeitigen Modellen, die Steuergelder benötigen, kosteneffizienter und das notwendige jährliche Investitionsvolumen in den Ausbau der öffentlichen Ladeinfrastruktur führt zu keiner signifikanten Erhöhung der Netzentgelte, legt man rund 25 Mrd. EUR/a Netzkosten Strom und zusätzliche 300 Millionen EUR/a für Ladesäulen zugrunde. Die zuständige Bundesnetzagentur könnte im Rahmen ihrer ohnehin bestehenden Befugnisse der Regulierung der Netze zukünftig auch die Überwachung des Ausbaus der öffentlichen Ladeinfrastruktur steuern, insbesondere hinsichtlich der Ausbaugeschwindigkeit und -dichte sowie der Kosten. Die derzeit fehlenden Verbraucherschutzvorschriften, wie etwa §§ 41, 42 EnWG, würden dann auch an der Ladesäule gelten und die derzeitige Intransparenz zu Produkten und Preisen beenden.

Tagungsbericht zur 48. Energierechtlichen Jahrestagung 2019: Zukunft der Verteilnetze – Verteilnetze der Zukunft

Felix Mansius, Universität zu Köln

Am 31.10.2019 fand an der Universität zu Köln die 48. Energierechtliche Jahrestagung des Instituts für Energiewirtschaftsrecht (EWIR) statt. Über 100 Teilnehmende aus Wissenschaft und Praxis fanden sich zusammen, um sich intensiv über aktuelle Fragen des Energiewirtschaftsrechts auszutauschen. Das Institut für Energiewirtschaftsrecht (EWIR) ist ein unabhängiges Forschungsinstitut der Rechtswissenschaftlichen Fakultät der Universität zu Köln mit dem Schwerpunkt auf Energierecht als Regulierungsrecht und beschäftigt sich insbesondere mit Fragen des Netzzugangs und des Wettbewerbs, mit Zukunftsfragen des Umbaus der Energiesysteme (erneuerbare Energien, Energiewende, Sektorenkoppelung, Digitalisierung, Datenökonomie) und der Gestaltung wettbewerbsgesteuerter Energiemärkte. Der besondere Fokus richtet sich auf zivil- und kartellrechtliche Fragestellungen. Schwerpunkte der diesjährigen Tagung bildeten das kommunale Ausschreibungsverfahrens für Verteilnetze, sowie die angemessene Integration der Elektromobilität in die vorhandene Netzinfrastruktur. Eröffnet und moderiert wurde die Tagung von Prof. Dr. Torsten Körber, Direktor des EWIR.

I. Die Neufassung der §§ 46 ff. EnWG als Herausforderung an die Praxis

Zunächst gab *Dr. Cornelia Kermel* von *Noerr LLP* einen Überblick über die Novelle der §§ 46 ff. EnWG und die bestehenden Praxisprobleme im Rahmen der Konzessionsvergabe. Bereits seit langem herrscht im Bereich der Vergabe von Strom- und Gaskonzessionen große Unsicherheit für die beteiligten Akteure. Die Frage, ob sich die Probleme der Praxis durch die Novellierung der §§ 46 ff. EnWG gebessert hätten, konnte *Kermel* schon vorab mit einem „klaren Nein" beantworten. So hätte sich zwar in einigen Punkten die Rechtssicherheit erhöht, doch bestünden insgesamt noch zu viele ungeklärte Fragen, bei denen das Gesetz keine Hilfestellung biete. Insbesondere unklar bliebe die Anwendung des Rügeregimes auf laufende Konzessionsverfahren nach §§ 46 ff. EnWG. *Kermel* zufolge sei ein entsprechender Gemeinderatsbeschluss hierfür zwingende Voraussetzung. Besonders spannend seien außerdem Fragen rund um das Akteneinsichtsrecht der beteiligten Unternehmen nach § 47 Abs. 3 EnWG im Verhältnis zu den Geschäfts- und Betriebsgeheimnissen der obsiegenden Bewerber. Ob auch die Bewertung der Angebote durch die Gemeinde dem Geheimnisschutz unterliege, sei durch die Gerichte noch nicht eindeutig geklärt. Der Vortrag des unterlegenen Bieters sei ohne umfassende Einsicht jedenfalls deutlich erschwert. Der Kommune obliege es, im Einzelnen darzulegen, auf welcher Grundlage sie eine Auswahlentscheidung getroffen habe. Soweit sie sich aus Gründen des Geheimnisschutzes daran gehindert sähe, müsse sie dies im Einzelnen substantiiert darlegen. Unklar blieben weiterhin verschiedenste prozessuale Fragen zum neu eingeführten Rügeregime. Hier verwies sie auf den Vortrag von *Kleybolte*. Das Vergaberecht könne für die Klärung dieser offenen Fragen jedenfalls nicht gangbar gemacht werden.

II. Voraussetzungen und Grenzen der Bewerberauswahl nach § 46 EnWG zwischen gesetzlichen Vorgaben und Ideenwettbewerb

Es folgte *Prof. Dr. Martin Burgi* von der LMU München mit einem Vortrag zu den Voraussetzungen und Grenzen der Bewerberauswahl nach § 46 EnWG. Trotz der grundsätzlich verschiedenen Zwecke der Konzessionsvergabe nach § 46 EnWG und dem GWB-Vergaberecht (Wettbewerb um die Verteilungsnetze auf der einen und erfolgreiche kommunale Aufgabenerfüllung auf der anderen Seite) könne letzteres als „Erfahrungsspeicher" bei der Anwendung des § 46 EnWG dienen. So sei der Kommune bei der Ausschreibung des Verteilnetzes die Durchführung eines Konzept- und Ideenwettbewerbs trotz fehlender gesetzlicher Regelung grundsätzlich möglich, jedoch keineswegs zwingend. Ein solcher könne der Innovations- und Wettbewerbsförderung dienen und ein taugliches Mittel zur Erreichung der Ziele des § 1 EnWG sein, berge aber auch die Gefahr ergebnisorientierter Entscheidungen. Gerade aufgrund der strukturellen Asymmetrie könne die Gemeinde – trotz eindeutiger Absage des Gesetzgebers an eine Inhouse-Vergabe – Konzepte spezifisch auf das eigene Angebot zuschneiden. Deswegen, und auch weil ein solches Konzeptmanagement gerade für kleinere Gemeinden nur schwer zu managen sei, sei hiermit eher zurückhaltend umzugehen. *Burgi* ging sodann auf die Umsetzung eines Konzept- und Ideenwettbewerbs auf den einzelnen Entscheidungsstufen ein. Zunächst müsse es den potentiellen Bietern durch die Leistungsbeschreibung klar sein, worauf es der Gemeinde bei der Entscheidung ankomme. Hierbei könnten auch Angelegenheiten der örtlichen Gemeinschaft berücksichtig werden. Unzulässig seien allerdings strategische oder allgemein wirtschaftliche Kriterien, sofern sie keinen Netzbezug aufweisen. Das, was für die Gemeinde kommunalpolitisch hätte interessant werden können, gehe, so *Burgi,* also gerade nicht. Streitig sei hier, inwiefern die Auswahlkriterien und ihre Gewichtung schon vorher bekannt gemacht werden müssen. Ein solches Transparenzerfordernis sei ein großer Unterschied zum Vergaberecht. Ein Konzeptwettbewerb verlange ja gerade neue und innovative Ideen, so dass hier ein Mittelweg gefunden werden müsse. Die Gemeinde habe im Folgenden eine sorgfältige Bewertung vorzunehmen und dies ausführlich und nachvollziehbar zu dokumentieren.

III. Rügeobliegenheit und Präklusion im Ausschreibungsverfahren

Sodann gab *VRiLG Ulrich Kleybolte* einen Einblick in die richterliche Praxis bei der Vergabe von Konzessionen und nannte das Thema zum Vergnügen des Publikums einen echten „Partykiller“. *Kleybolte* stellte zunächst den Ablauf des Rügeverfahrens nach §§ 46 ff. EnWG dar und ging dabei insbesondere auf die rechtlichen Wirkungen und Anforderungen der Präklusion ein. Die Präklusion schließe das Recht der Bieter auf rechtliches Gehör aus und sei dementsprechend eng auszulegen. Dies sei u.a. ein Grund dafür, dass die Kommune die Anwendung des neuen Rügesystems ausdrücklich festlegen müsse. Es mangele dabei nicht nur an entsprechenden gesetzlichen Regelungen, sondern auch an einer klaren Linie in der Rechtsprechung. Dieser Effekt würde dadurch verstärkt, dass Rechtsverstöße im Wege des einstweiligen Rechtsschutzverfahrens bereits vor den Landgerichten abschließend geklärt würden. Der Gesetzgeber habe bei der Novellierung des Konzessionsverfahrens bewusst nicht die Regelungen des GWB übernommen, was eine analoge Anwendung der Vorschriften unmöglich mache. Ein weiteres Problem sei der fehlende Maßstab der „Erkennbarkeit" von Rechtsverletzungen im Rahmen des Rügeverfahrens. Die Rechtsprechung werde bei der Auslegung dieses Begriffs vor große Herausforderungen gestellt. Auch hier stünden Grundrechte der Bieter auf dem Spiel. Diese seien nicht die „Justiziare der Kommunen". Bei der Anwendung und Auslegung der Präklusionsvorschriften müsse der Anspruch der Bieter auf rechtliches Gehör mehr Berücksichtigung finden.

IV. Stellungnahmen

In den darauffolgenden Stellungnahmen erläuterte zunächst *Matthias Pöhl* von der Kanzlei *Becker Büttner Held* die Herausforderungen der Kommunen in ihrer Rolle als Vergabestelle und Inhaber der Wegerechte auf der einen und Bieter um die Konzession auf der anderen Seite. *Pöhl* betonte, dass den Gemeinden im Rahmen der kommunalen Selbstverwaltung ein Beurteilungsspielraum bei Formulierung und Gewichtung der Auswahlkriterien verbleibe. Die Praxis zeige, dass die Herausforderungen für die Kommunen hierbei unabhängig von der eigenen Beteiligung als Bieter bestünden. Das neue Rüge- und Präklusionsregime des § 47 EnWG sei im Interesse eines funktionierenden Wettbewerbs grundsätzlich zu begrüßen. Die Ziele der Novelle – vor allem mehr Rechtssicherheit und eine Entlastung der Gerichte – seien dadurch jedoch nicht erreicht worden. Hier bestehe dringender Verbesserungsbedarf. Auch der „Sonderrechtsweg" zu den ordentlichen Gerichten im einstweiligen Rechtsschutzverfahren werfe zahlreiche rechtliche und prozessuale Fragen auf, die der Gesetzgeber nur unzureichend geregelt habe.

Gabriele Krater vom Wirtschaftsministerium NRW gab einen Einblick in das Gesetzgebungsverfahren, an dem das Wirtschaftsministerium des Landes NRW (MWIDE) intensiv beteiligt war, und berichtete von den Schwierigkeiten, die Interessen aller beteiligten Akteure miteinander in Einklang zu bringen. Die Bedeutung der Versorgungssicherheit und Kosteneffizienz sei nach wie vor herausragend. Die Novellierung der §§ 46 ff. EnWG stelle insoweit keine Stärkung der kommunalen Belange dar. Auch habe der Gesetzgeber die Konzessionsvergabe klar vom Anwendungsbereich des Vergaberechts ausgenommen. Insgesamt sei mit der Novellierung ein guter Kompromiss entstanden, der ein faires und transparentes Verfahren ermögliche. Es käme jedoch auch drauf an, was die teils marktmächtigen und finanzstarken Akteure am Ende daraus machen würden.

In der darauffolgenden Podiumsdiskussion setzten sich die Vortragenden noch einmal mit den verschiedenen Standpunkten und Fragen aus dem Publikum auseinander. Hierbei betonte *Burgi* seine Auffassung, dass gesetzliche Regelungen in der Regel weniger interessengebundene Probleme mit sich brächten, je allgemeiner sie gefasst seien. Auch *Kleybolte* verdeutlichte, dass die Gerichte bei solchen Fragen nur auf allgemeine Regelungen zurückgreifen könnten. Dies würde die Verfahren noch weiter in die Länge ziehen. Ein Ideenwettbewerb jedoch habe der gerichtlichen Prüfung bislang überwiegend nicht standgehalten. Die Höherwertung von Unterkriterien bei der Auswahl durch die Gemeinden sei schlicht nicht hinnehmbar. Auf die Frage, ob die Offenlegung der Angebote der Mitbewerber durch Gerichte oder Gemeinden im Gegensatz zum Geheimwettbewerb des § 1 GWB stehe, entgegnete *Kermel*, dass es im Zweifel zu einer neuen Auswahlentscheidung käme und nicht zu einer Rückführung, so dass auch keine Möglichkeit mehr bestünde, im selben Verfahren noch einmal das Angebot zu ändern.

V. Kartell- und zivilrechtliche Probleme bei der Ausschreibung von Fernwärmenetzen

Den Abschluss des ersten Themenkomplexes bildete der Vortrag von *Prof. Dr. Torsten Körber, L.L.M.* zu den kartell- und zivilrechtlichen Problemen bei der Ausschreibung von Fernwärmenetzen. Auch für den Ausbau von Fernwärmenetzen müssen Unternehmen Wegenutzungsverträge mit den Kommunen schließen. Beim Auslaufen dieser Verträge stellen sich Fragen zu Aneignung und Ausschreibung der Fernwärmenetze durch die Kommune, bzw. etwaigen Verlängerungsansprüchen der Unternehmen. Die §§ 46 ff. EnWG fänden hierbei allerdings keine Anwendung. In seinem Vortrag setzte sich *Körber* u.a. mit den beiden Urteilen des VG Berlin[1] und LG Stuttgart[2] auseinander. Beide Gerichte hatten sich zuletzt aus verschiedenen Blickwinkeln mit möglichen Übernahmeansprüchen der Kommunen auseinandergesetzt. Aufgrund der marktbeherrschenden Stellung der Kommunen ergebe sich zunächst ein kartellrechtlicher Anspruch der Fernwärmeunternehmen auf die Einräumung von Wegenutzungsrechten aus §§ 19 Abs. 2 Nr. 1 und 4, 33 Abs. 1 und 3 GWB. Aus dem Gedanken des § 46 Abs. 2 EnWG folge allerdings kein Ausschreibungs- oder Aneignungs-

---

1 VG Berlin, Urt. v. 30.6.2017 – 4 K 16.15.

2 LG Stuttgart, Urt. v. 14.2.2019 – 11 O 225/16.

recht der Kommunen. Auch die *Schilderpräger-Rechtsprechung* des BGH[3] sei nicht heranzuziehen. Zum einen bestehe keine vergleichbare Knappheitssituation, zum anderen ging es hierbei um die Ausschreibung von Mietverträgen, nicht von Geschäftsbetrieb und Kundenstamm. Nach Ablauf der Wegenutzungsverträge hätten die Unternehmen in aller Regel einen Anspruch auf Wiedereinräumung des Nutzungsrechts. Möglicherweise bestehende Endschaftsklauseln seien, so *Körber*, kartellrechtswidrig und somit unwirksam, da sich ein rational handelndes Unternehmen in der Regel nicht freiwillig auf eine solche Klausel einlassen würde. Diese dürften kartellrechtlich nur für den Fall Vorsorge treffen, dass das Fernwärmeunternehmen die Versorgung nicht fortsetzen will oder dass die Fortsetzung für die Kommune ausnahmsweise unzumutbar ist.

VI. Panel Junge Wissenschaft

Nach der Mittagpause war Zeit für den wissenschaftlichen Nachwuchs. Fünf Promovierende aus Köln und Düsseldorf stellten dem Publikum ihre juristischen und ökonomischen Forschungsprojekte vor. Den Anfang machte *Johannes Sebastian Thielen* mit seinem Dissertationsvorhaben „Energiewende und EU-Beihilfenrecht" und ging dabei insbesondere auf das EEG 2012-Urteil des EuGH[4] ein. *Paul B. Jahn* stellt sich die Frage, ob rechtlicher (De-)Regulierungsbedarf hinsichtlich der smart-contract-basierten Prosumeraktivität in der Energiewirtschaft bestehe und gab eine kurzweilige Einführung in seine bisherigen Ideen und Ergebnisse. Im Anschluss zog *Laura Gellisch* von der Universität zu Köln den Faden zum Telekommunikationsrecht und erläuterte „Ko-Investitionen im Spannungsfeld zwischen Investitionsförderung und Wettbewerbssicherung". *Charlotte Hasselhorn* von ebenda folgte mit einer Darstellung ihrer Forschungsfragen zum Innovationswettbewerb in der Fusionskontrolle. Zum Schluss stellte *Berit Czock* vom EWI Köln ihr Forschungsvorhaben zur Sektorenkopplung im Haushaltsbereich vor und führte die anwesenden Juristinnen und Juristen in vertiefte ökonomische Fragestellungen ein. Beim späteren geselligen Ausklang bot sich für die Promovierenden die Möglichkeit zur fachlichen Diskussion mit Experten aus der Praxis.

3 z.B. BGH, Urt. v. 24.9.2002 – KZR 4/01.
4 EuGH, Urt. v. 28.3.2019 – C-405/16 P (Deutschland/Kommission).

VII. Netzintegration der Elektromobilität

Der Nachmittag stand ganz im Zeichen der Elektromobilität und der Rolle der Verteilnetzbetreiber bei Auf- und Ausbau der Ladeinfrastruktur. Einleitend gab *David Kemnitz* vom Beratungsunternehmen *Consentec GmbH* einen Überblick zur Entwicklung der Ladeinfrastruktur und stellte die hauseigene Studie zu Bedarf und Kosten des Netzausbaus bis zur Vollelektrifizierung des PKW-Verkehrs in den deutschen Verteilungsnetzen der *E.ON SE* vor.[5] Die Herausforderung für Verteilnetzbetreiber bestehe vor allem im Verstärkungs- und Ausbaubedarf der Bestandsnetze. In den Netzgebieten des EON-Konzerns seien die Netze im Ergebnis jedoch gut auf einen Markthochlauf der Elektromobilität vorbereitet. Bis zur vollständigen Durchdringung würden hier bei proaktivem Netzausbau kumulative Mehrkosten für den Ausbau der Nieder- und Mittelspannungsnetze von bis zu ca. 2,5 Mrd. EUR entstehen. Deutliches Einsparpotential könne sich durch ein intelligentes Lademanagement der Elektromobile ergeben. Hierfür sei jedoch eine sichere und zuverlässige Steuerungstechnik unerlässlich. Bei einer Einsparung von ca. 200 EUR je E-Pkw stelle sich jedoch die Frage, ob der Nutzer die hiermit verbundenen Einschränkungen seines Ladeverhaltens überhaupt in Kauf nehmen würde.

VIII. Herausforderungen und Chancen von Elektromobilität in Verteilernetzen

Torsten Knop von der *innogy SE* machte im Folgenden darauf aufmerksam, dass besonders in Ballungszentren einzelne Netze vom starken Netzaufbau betroffen sein können. Die Herausforderung bei der Integration der E-Mobilität in die Netze sei dabei nicht die Energie, sondern die Leistung. Wie auch sein Vorredner betonte der Volkswirt, dass in diesen Fällen eine intelligente Steuerung der Ladevorgänge extreme Spitzen in der Netzbelastung vermeiden und den notwendigen Netzausbau somit reduzieren könnte. Ob und in welchen Fällen alle Nutzer pauschal für die Mehrkosten aufkommen sollen oder die Steuerbarkeit des Ladevorgangs eine Marktentscheidung des einzelnen Nutzers werde, sei noch zu klären. Der Betrieb öffentlicher Ladesäulen sei ferner nicht Aufgabe des Verteilnetzbetreibers. Dies sei durch die Regelung des Art. 33 EU-Strommarktrichtlinie auch so vom EU-Gesetzgeber gewollt. Der Betrieb von Ladesäulen sei vielmehr

5 Dazu ausführlich: *Dorendorf et al.*, ET 2019, Ausgabe 9, S. 46 ff.

eine wettbewerbliche Aufgabe. Die bisherige Praxis in Estland, Italien und Luxemburg sei somit kein Zukunftsmodell.

IX. Öffentliche Ladeinfrastruktur – Eine Aufgabe des Verteilnetzbetreibers?

Markus Adam von Lichtblick knüpfte in seinem Vortrag an das 7. Sektorgutachten Energie der Monopolkommission an und gab einen Überblick über die aktuelle Marktverteilung und lokale Monopoltendenzen bei der öffentlichen Ladeinfrastruktur in Deutschland. Diese seien vor allem das Ergebnis von Verbundvorteilen und ökonomischen Effizienzen. So sei der Verteilnetzbetreiber schlicht der beste Kandidat für den Betrieb und Ausbau von Ladesäulen. Dies sei nach EU-Recht auch möglich und geboten, da aufgrund des fehlenden Ausbaus und der zu hohen Bepreisung die Voraussetzungen für einen regulierten Betrieb der Ladesäulen mit diskriminierungsfreiem Zugangsanspruch für dritte Energieversoger nach Art. 33 Abs. 3 der EU-Strommarktrichtlinie vorlägen. Ferner seien Ladesäulen für Elektromobile im Rahmen der Marktabgrenzung auch nicht mit klassischen Tankstellen für Verbrennerfahrzeuge vergleichbar, da der typische Suchradius des Nutzers um ein Vielfaches kleiner sei. Es liege somit ein lokaler Markt vor. Ein Roaming-Modell – wie es aktuell praktiziert werde – führe ähnlich wie im Telekommunikationssektor zu hohen Kosten für die Verbraucher und zu einer Markteintrittsbarriere für Drittanbieter. Ein kartellrechtlicher Anspruch des Drittanbieters auf Durchleitung sei ohnehin gegeben. Dementsprechend sollte, so *Adam*, auch schon jetzt über den energierechtlichen Netzzugang nachgedacht werden, insb. weil regulierte Durchleitungsentgelte dafür sorgen könnten, das Geschäftsmodell mit der Ladeinfrastruktur profitabel zu machen. Verbrauchervorschriften wie etwa §§ 41, 42 EnWG würden so auch an der Ladesäule greifen.

Der Schwerpunkt in der anschließenden Diskussion lag auf der Steuerbarkeit der Ladevorgänge und der Frage des Netzzugangsanspruchs. *Kemnitz* betonte, dass die Steuerbarkeit ein sinnvolles Instrument sei, die mit ihr einhergehende Nutzereinschränkung jedoch im Hinblick auf die Nutzerakzeptanz kritisch zu betrachten sei. Zumindest die technische Möglichkeit, so *Knop*, müsse jedoch bestehen, um dem Netzbetreiber bei Netzüberlastung eine Eingriffsmöglichkeit zur Hand zu geben. Ein Marktversagen oder die Notwendigkeit einer Regulierung des Betriebs der öffentlichen Ladeinfrastruktur sehe er – im Gegensatz zu *Adam* – nicht. *Adam* zeigte noch einmal die Nähe der Ladeinfrastruktur zu den regulierten Strom-, Telekommunikations- und Schienennetzen aus ökonomischer Perspektive auf. Dass bei diesen Themen noch einiges an Diskussionspotential besteht, zeigte sich auch an der regen Beteiligung des Publikums.

Das EWIR blickt auf eine erfolgreiche Jahrestagung zurück und bedankt sich bei allen Vortragenden und Teilnehmenden für eine lehr- und diskussionsreiche Veranstaltung.

Dieser Tagungsbericht ist zuerst in der „Recht der Energiewirtschaft“ erschienen.[6]

---

6 *Mansius*, RdE 2020, 153.

Autorenverzeichnis

Prof. Dr. Torsten Körber, LL.M. (Berkeley)
Inhaber des Lehrstuhls für Bürgerliches Recht, Kartell- und Regulierungsrecht, Recht der digitalen Wirtschaft und des Instituts für Energiewirtschaftsrecht, Universität zu Köln
Anschrift: Albertus-Magnus-Platz, 50923 Köln
E-Mail: Koerber@ls-koerber.de

Dr. Cornelia Kermel
Rechtsanwältin, Partnerin
Noerr LLP
Anschrift: Charlottenstraße 57, 10117 Berlin
E-Mail: cornelia.kermel@noerr.com

Prof. Dr. Martin Burgi
Lehrstuhl für Öffentliches Recht, Wirtschaftsverwaltungsrecht, Umwelt- und Sozialrecht
Forschungsstelle für Vergaberecht und Verwaltungskooperationen, Ludwig-Maximilians-Universität München
Anschrift: Professor-Huber-Platz 2, 80539 München
E-Mail: martin.burgi@jura.uni-muenchen.de

Patrick Zimmermann
Lehrstuhl für Öffentliches Recht, Wirtschaftsverwaltungsrecht, Umwelt- und Sozialrecht
Forschungsstelle für Vergaberecht und Verwaltungskooperationen, Ludwig-Maximilians-Universität München
Anschrift: Professor-Huber-Platz 2, 80539 München

Ullrich Kleybolte
Vorsitzender Richter Landgericht Hannover
Anschrift: Volgersweg 65, 30175 Hannover
E-Mail: Heinrich-ullrich.kleybolte@justiz.niedersachsen.de

Matthias Pöhl
Rechtsanwalt, Partner
Becker Büttner Held PartGmbB
Anschrift: KAP am Südkai, Agrippinawerft 26-30, 50678 Köln
E-Mail: matthias.poehl@bbh-online.de

Gabriele Krater
Referatsleiterin Energierecht
Ministerium für Wirtschaft, Innovation, Digitalisierung und Energie des Landes Nordrhein-Westfalen
Anschrift: Berger Allee 25, 40213 Düsseldorf
E-Mail: gabriele.krater@mwide.nrw.de

Dipl.-Ing. David Kemnitz
Consultant
Consentec GmbH
Anschrift: Grüner Weg 1, 52070 Aachen
E-Mail: kemnitz@consentec.de

Markus Adam, LL.M.
Rechtsanwalt, Leiter Recht bei der LichtBlick SE
Anschrift: Zirkusweg 6, 20359 Hamburg
E-Mail: markus.adam@lichtblick.de

Felix Mansius
Wissenschaftlicher Mitarbeiter am Lehrstuhl für Bürgerliches Recht, Kartell- und Regulierungsrecht, Recht der digitalen Wirtschaft und des Instituts für Energiewirtschaftsrecht, Universität zu Köln
Anschrift: Albertus-Magnus-Platz, 50923 Köln
E-Mail: Mansius@ls-koerber.de

FSC
www.fsc.org
MIX
Papier | Fördert
gute Waldnutzung
FSC® C083411

Kolibri 360 GmbH
Ferdinand-Jühlke-Straße 7
99095 Erfurt, Deutschland
produktsicherheit@kolibri360.de